MARKUS C. KERBER

DER DEUTSCHE SELBSTMORD

WIE UNSER LAND IN DER CORONA-KRISE FÜR EUROPA GEOPFERT WIRD

Bibliografische Information der Deutschen Nationalbibliothek
Die Deutsche Nationalbibliothek verzeichnet diese Publikation in der Deutschen Nationalbibliografie. Detaillierte bibliografische Daten sind im Internet über http://d-nb.de abrufbar.

Für Fragen und Anregungen:
info@finanzbuchverlag.de

Originalausgabe, 1. Auflage 2021

© 2021 by FinanzBuch Verlag, ein Imprint der Münchner Verlagsgruppe GmbH
Türkenstraße 89
80799 München
Tel.: 089 651285-0
Fax: 089 652096

Korrektorat: Silvia Kinkel
Umschlaggestaltung: Marc-Torben Fischer
Umschlagdesign: verbum-berlin.de
Abbildungen im Innenteil gestaltet von Tobias Prießner
Satz: Röser MEDIA GmbH & Co. KG, Karlsruhe
Druck: GGP Media GmbH, Pößneck
Printed in Germany

ISBN Print 978-3-95972-408-1
ISBN E-Book (PDF) 978-3-96092-759-4
ISBN E-Book (EPUB, Mobi) 978-3-96092-760-0

Weitere Informationen zum Verlag finden Sie unter

www.finanzbuchverlag.de

Beachten Sie auch unsere weiteren Verlage unter www.m-vg.de.

INHALT

In dankbarer Erinnerung an
Jacques Lovergne (1955–2018)
Franzose, Europäer, *camarade*[1]

---

1   E.N.A.-Jahrgang 1984 (Promotion Louise Michel), Autor des Buches Didier Modi
(Pseudonym), *Der europäische Albtraum. Ein Projekt wird seziert*, Berlin 2017.

»Wir wollen gehört werden, denn wir reden als Warner, und immer ist die Stimme des Warners, wer er auch sei und wo sie auch immer erklinge, in ihrem Rechte; dafür habt Ihr, die Ihr angeredet werdet, das Recht, Euch zu entscheiden, ob Ihr Eure Warner als ehrliche und einsichtige Männer nehmen wollt, die nur laut werden, weil Ihr in Gefahr seid, und die erschrecken, Euch so stumm, gleichgültig und ahnungslos zu finden. Dies aber dürfen wir von uns selbst bezeugen, daß wir aus reinem Herzen reden und nur soweit dabei das Unsere wollen und suchen, als es auch das Eure ist – nämlich die Wohlfahrt und die Ehre des deutschen Geistes und des deutschen Namens.«

Friedrich Nietzsche, Mahnruf an die Deutschen[2]

»Dennoch vergesse ich auch hier nicht ganz, daß es beinahe zur deutschen Humanität gehört, sich undeutsch, selbst antideutsch aufzuführen; daß eine den Nationalsinn zersetzende Neigung zum Kosmopolitischen nach maßgeblichem Urteil vom Wesen der deutschen Nationalität untrennbar ist; daß man seine Deutschheit möglicherweise verlieren muß, um sie zu finden; daß ohne einen Zusatz von Fremden vielleicht kein höheres Deutschtum möglich ist; daß gerade die exemplarischen Deutschen Europäer waren und jede Einschränkung ins nichts als Deutsche als barbarisch empfunden hätten.«

Thomas Mann, Betrachtungen eines Unpolitischen[3]

2   Friedrich Nietzsche, *Die Geburt der Tragödie. Unzeitgemäße Betrachtungen*, Kritische Studienausgabe, herausgegeben von Giorgio Colli und Mazzino Montinari, München/Berlin 1986, S. 892.

3   Thomas Mann, *Betrachtungen eines Unpolitischen*, zitiert nach der 1. Ausgabe, Fischer Verlag, Berlin 1918, 5. Auflage, Fischer Taschenbuchverlag, Frankfurt a. M. 2012, S. 90.

VORWORT VON DERK JAN EPPINK,

MITGLIED DES EUROPÄISCHEN PARLAMENTS:

WILL DEUTSCHLAND IN DER EUROPÄISCHEN
UNION AUFGEHEN?

In einem ordnungsgemäßen parlamentarischen Regierungssystem ist das Parlament eine Institution, die gegenüber der Regierung ein echtes Gegengewicht bildet. So gibt es einen permanenten Widerstreit zwischen den Mitgliedern des Parlaments, die eine Regierungskoalition unterstützen, und jenen Parlamentsabgeordneten, die in Opposition zur Regierung stehen. Die Opposition kritisiert zu weitreichende Politiken, übermäßige Haushaltsausgaben und Gesetzesakte, die über die verfassungsrechtlichen Kompetenzen hinausgehen.

Die Europäische Union ist kein Staat. Aber sie betrachtet sich als ein »Staat im Werden«. Sie beansprucht Kompetenzen und Befugnisse, die normalerweise der Staatlichkeit vorbehalten sind, wie »europäische Regierung«, »europäische Steuergesetzgebung« und »europäische Armee«. Nach dem Austritt des Vereinigten Königreichs aus der EU wird der Ausdruck der »europäischen Souveränität« von europäischen Föderalisten – also Anhängern eines EU-Bundesstaates – benutzt, um europäische Staatlichkeit zu fordern. Dies ist das föderalistische Mantra der »immer engeren Union« als dem überragenden Governance-Prinzip der EU.

Das Ergebnis: Das Europäische Parlament ist ein Parlament ohne Opposition. Von den gewählten Mitgliedern dieses Hauses wird erwartet, dass sie die Cheerleader europäischer Staatlichkeit sind. Diejenigen, die in diesen Refrain nicht einstimmen, werden missachtet, ignoriert oder lächerlich gemacht. Nach Ansicht der Brüsseler Bürokratie werden sie im Mülleimer der Geschichte verschwinden.

Am 19.02.2009 adressierte der damalige tschechische Präsident Václav Klaus einen Reality Check an das Europäische Parlament. »Hier wird nur eine einzige Option der Politik vorangebracht. All diejenigen, die es wagen, über andere Optionen nachzudenken, werden als Feinde der europäischen Integration etikettiert.« Klaus sprach aus Erfahrung. »Vor nicht allzu ferner Zeit lebten wir in unserem Teil Europas in einem politischen System, das keine Alternativen erlaubte und daher auch keine parlamentarische Opposition kannte. Wir lernten anhand dieser Erfahrung eine bittere Lektion, nämlich dass es ohne Opposition keine Freiheit gibt. Daher müssen politische Alternativen existieren.«

Dies war eine bemerkenswerte, einmalige Rede. Niemals zuvor war ein eingeladener Redner bereit gewesen, dieselbe Institution, die ihn eingeladen hatte, in Anwesenheit ihrer Mitglieder zu kritisieren. Viele der Parlamentsabgeordneten ertrugen die Worte von Klaus nicht und begannen, ihn auszubuhen. Andere verließen die Räumlichkeit und schimpften in den Wandelgängen des Parlaments. Sie waren an die ewig selbe Formel gewohnt: »Wir sind gut. Wir brauchen nur mehr Macht für Europa.« Klaus sagte indes: »Da es kein europäisches Volk gibt und auch keine europäische Nation, kann dieses Manko auch nicht durch die Stärkung der Rolle des Europäischen Parlaments repariert werden. Es würde – ganz im Gegenteil – das

Problem schlimmer machen.« Der Name von Klaus wird in Brüssel nur mit Bestürzung und Verachtung erwähnt. Sein Name ist aus dem Haus der Europäischen Geschichte entfernt worden. Dieses Haus der Europäischen Geschichte, als Teil des Gebäudekomplexes des Parlaments, soll nichts anderes befördern als das Europäische Parlament selbst.

Das Europäische Parlament bekleidet eine Schlüsselposition im Gleichgewicht der Gewalten innerhalb der europäischen Institutionen. In diesem Gleichgewicht haben die Mitgliedstaaten eine besondere Funktion, insbesondere Deutschland und Frankreich, die stärksten Aktionäre der EU und gleichzeitigen Wettbewerber. Zurzeit hält Frankreich Schlüsselpositionen inne und verfügt innerhalb des institutionellen Gewaltenkonglomerats über eine Hegemonie: Frankreich nominierte Ursula von der Leyen als Präsidentin der Europäischen Kommission, es schubste den frankophonen Belgier Charles Michel in die Position des Ratspräsidenten und vor allem war Frankreich in der Lage, Christine Lagarde an die Spitze der Europäischen Zentralbank zu befördern. Diese Ernennungen erlauben es Frankreich, über eine einmalig starke Machtposition in Brüssel zu verfügen. Frankreich hat nunmehr einen ganzen Instrumentenkasten, um seinem Ziel, das es unter dem Banner der europäischen Souveränität verfolgt, näher zu kommen: Die Schaffung gemeinsamer europäischer Schulden, die Transfers von Finanzressourcen vom Norden zum Süden und die Einführung von EU-Steuern.

Deutschland ist ein Staat, der sich ausmanövriert hat. Traditionell betrachtet, führte Frankreich das Wort in der Kommission, und Deutschland beherrschte das Parlament: Mit starken Vertretungen von drei deutschen Parteien – CDU/CSU, SPD und FDP – steuerte Deutschland die drei wesentlichen Gruppen im Europäischen Parlament: die Christdemokraten, die Sozialisten und die Liberalen. Diese Gruppen bildeten im Parlament die Mehrheit. Berlin konnte so das Stimmverhalten im Parlament stark beeinflussen. In den 1980er- und 1990er-Jahren zog es Berlin vor, belgische Vorsitzende an der Spitze der EVP-Fraktion zu sehen. Sie waren »loyale Offiziere«, die die Wünsche des Bundeskanzleramtes ernst nahmen – egal, ob die CDU/CSU oder die SPD in Berlin an der Macht war. 2001 verwarf das Europäische Parlament knapp die Take-over-Richtlinie, welche von der deutschen Regierung abgelehnt wurde. Die »deutsche Maschine« hatte gute Arbeit geleistet. Das französische Kontingent von Parlamentsmitgliedern war über viele Gruppen verteilt. Jene Abgeordnete, die die Front National von Jean-Marie Le Pen vertraten, fielen aus dem Entscheidungsprozess heraus. Frankreich hatte keinen mit Deutschland gleichwertigen Block im Europäischen Parlament. In dem Maße, wie die Anzahl der Mitglieder des Parlaments auf 751 im Rahmen der EU-Erweiterung anwuchs, erodierte die relative Macht dieses deutschen Blocks. Newcomer landeten im Parlament: die Grünen, die Linke und die AfD. Sie führten zur Fragmentierung der deutschen Stimmenmacht. Während die AfD vom Rest der deutschen Parteien ignoriert wird, hat sich die CDU/CSU in den linken Mainstream des Europäischen Parlaments hineinlocken lassen und propagiert mit »europäischer Souveränität« die gesamte Wunschliste, die damit verbunden ist. CDU/CSU können den gegenwärtigen Trend ein bisschen verlangsamen, aber sie sind weit davon entfernt, ihn zu stoppen oder umzukehren, weil ihre Cheerleader sich gegenseitig im Europadiskurs übertreffen. Das Europäische Parlament wird also von einer EU-Lobby ohne wirkliche Opposition betrieben. Widerspruch wird verworfen. Am 15. Januar 2020 nahm das Europäische Parlament die Entschließung zu einer Konferenz über die Zukunft Europas an. Für die Mehrzahl seiner Mitglieder steht das Ergebnis schon fest. Es ist bereits in Stein gemeißelt, bevor die Konferenz überhaupt anfängt: »Mehr EU, mehr Macht und mehr Geld.«

Diese Mitglieder des Parlaments werden alles tun, und zwar unabhängig von den so entstehenden Kosten, um den natürlichen Defekt, auf den sich Klaus bezogen hat, zu überwinden: »Da es kein europäisches Volk gibt, kann es auch keine europäische Nation geben.«

In diesem Parlament gibt es keine Rolle für eine Opposition. Die Sprechzeit für opponierende Mitglieder wird strikt kontrolliert. Währenddessen wird den grünen Mitgliedern des Europäischen Parlaments erlaubt, das Plenum so lange, wie sie wollen, mit ihren Reden vollzuschütten. Schriftliche Fragen opponierender Mitglieder an die EU-Kommission erhalten keine ernsthafte Antwort. Anträge auf Gesetzesänderung werden routinemäßig abgelehnt. Die Autorität des Parlaments zur Überprüfung der Abgeordneten wird vor allen Dingen auf opponierende Mitglieder des Parlaments angewendet, wenn diese eine Veranstaltung organisieren. Geht es indessen um die Veranstaltung der Mitglieder der Pro-Europa-Koalition des Europäischen Parlaments, so sind dieselben Überprüfungsinstanzen auf beiden Augen blind. Für Deutschland bedeutet das: Seine Rolle in der EU wird durch den Einfluss der deutschen Parlamentsmitglieder marginalisiert. Ich war einst erstaunt, von einem deutschen Mitglied der Grünen zu hören: »Das Problem ist, dass es zu viele Deutsche gibt.« Ich fragte: »Meinen Sie das wirklich?« – »Ja«, lautete die Antwort, »ich meine das wirklich ernst.« Mein Eindruck war, dass dieser Abgeordnete keinen Scherz machte. Die Grünen belieben nicht zu scherzen.

Deutsche Politiker, ja sogar die gesamte politisch-kulturelle Elite, verfügt über keinerlei kulturelles Selbstbewusstsein. Man kann sie sehr leicht wegen der deutschen Vergangenheit erpressen, obwohl sie dafür keinerlei Verantwortung trifft. Sie ziehen es vor, sich selbst abzuschaffen, um als »die Guten« angesehen zu werden. Was hat das mit Realpolitik zu tun?

EINFÜHRUNG:
WORUM ES IN DIESEM BUCH GEHT

Unmittelbar nachdem die Europäische Kommission die Absicht bekundet hatte, im Wege eines »Wiederaufbaufonds« nach Ausbruch der Corona-Pandemie Süd- und Ostmitteleuropa mit großzügigen Transfers zu beglücken und zu diesem Zwecke eine Gemeinschaftsanleihe von 750 Milliarden Euro zu begeben, hatte der stellvertretende Vorsitzende des Wirtschaftsausschusses im Europäischen Parlament, der Niederländer Derk Jan Eppink, dem zuständigen Kommissar für Haushaltsangelegenheiten, Johannes Hahn aus Österreich, ein höfliches Schreiben gesandt. Hierin bat er um Erläuterung, auf welcher Rechtsgrundlage die bekundete Absicht der Europäischen Kommission beruhe, im Wege eines sogenannten »Next Generation EU-Wiederaufbauplans« in noch nie dagewesenem Umfang EU-Anleihen zu emittieren, für die alle Mitgliedstaaten der Union haften würden.

EU-Haushaltskommissar Hahn nahm sich für die Beantwortung des nicht unberechtigten Anliegens ungebührlich viel Zeit. Berechtigt ist dieses Anliegen schon deshalb, weil Art. 5 EVU klarstellt: Es gilt das Prinzip der begrenzten Einzelermächtigung. Das heißt, die Europäische Kommission und mit ihr die Europäische Union haben selbst in Krisen nicht die Befugnis, sich aus eigener Machtvollkommenheit neue Kompetenzen zu verschaffen. Dies gilt insbesondere im Bereich des Haushaltsgebarens durch das strikte Prinzip der Eigenmittelfinanzierung. Die Mitgliedstaaten bestimmen über die der Europäischen Union zur Verfügung gestellten Mittel, die neben den Eigenmitteln die obere Grenze des finanziellen Handlungsrahmens der Union darstellen. Dies war bis zum Ausbruch der Corona-Pandemie nicht nur politischer *consensus omnium*, sondern auch ganz herrschende Meinung in der einschlägigen juristischen Literatur. Art. 311 AEUV (Vertrag über die Arbeitsweise der Europäischen Union) mit dem Hinweis darauf, dass die Europäische Union sich mit den zur Erfüllung ihrer Aufgaben erforderlichen Mitteln auszustatten befugt sei, ist keine Ermächtigung, sich im Wege von Anleihen auf den Kapitalmärkten Einnahmen zu verschaffen. Mit seiner späten Antwort am 7. September 2020 versuchte Haushaltskommissar Hahn, der eine aufschlussreiche akademische Vita hat,[4] die Bedenken des Abgeordneten Eppink zu zerstreuen.[5] Wider die ganz herrschende Meinung zur Interpretation der besagten Vorschrift des Art. 311 AEUV sei der Europäischen Union die Aufnahme von Fremdmitteln erlaubt. Im Übrigen sei dies schon häufig geschehen. Alles Weitere möge der Abgeordnete aus dem anliegenden Merkblatt über Fragen und Antworten zur geplanten Wiederaufbauanleihe entnehmen.

Stil- und Inhaltslosigkeit der Beantwortung einer Parlamentsanfrage durch den zuständigen Haushaltskommissar sind bezeichnend.

---

4   Nachdem ein Salzburger Medienwissenschaftler die philosophische Doktorarbeit von Hahn als Plagiat bezeichnet hatte, führte die Universität Wien 2011 eine erneute Prüfung derselben durch. Hieraus ergab sich, dass das 254-seitige Werk 76 Plagiatsfragmente auf 64 Seiten enthielt.

5   Vgl. Anlage Nr. 1.

Wo früher der Juristische Dienst der EU-Kommission wie ein Grals-
hüter der Verträge – vergleichbar mit der Glaubenskongregation des
Vatikans – den Charakter der EU als Rechtsgemeinschaft wie seinen
Augapfel hütete und eigenmächtige Kommissare auf die Grenzen der
Verträge hinwies, wird heute Recht ganz ungeniert gebrochen und
dieser Rechtsbruch durch den Juristischen Dienst legitimiert.

Dies ist der qualitative Quantensprung in der Entwicklung der
Europäischen Union. Was einst im Einvernehmen von sechs Nationen als Rechtsgemeinschaft begonnen wurde, weil Recht Grenzen setzt und die Nationen weiterhin Herren der Verträge bleiben
wollten, hat sich aufgrund der Eigendynamik der Brüsseler Kom-
missar-Diktatur zu einem Herrschaftssystem ohne Grenzen und ohne jedwede Gewaltenteilung entwickelt. In Brüssel komplottiert
die Kommission und das Brüssel-Europa – also auch das unreprä-
sentative Parlament – gegen die demokratisch legitimierten Vertreter der Nationalstaaten. Erstaunlich ist indessen, dass nicht nur die
»Brüssel-Deutschen«, wie es der Deutschland-Experte Edouard Hus-
son einmal weise formulierte, sondern auch bundesdeutsche Politiker wie Olaf Scholz den Selbstermächtigungen der Europäischen
Kommission jubelnd zustimmen, um sie als den Anfang einer gran-
diosen politischen Entwicklung zu loben.

Nachdem die Bundeskanzlerin jahrelang Eurobonds wegen der
damit verbundenen Gemeinschaftshaftung abgelehnt hatte, erklärte sie sich »auf Vorschlag« des französischen Staatspräsidenten dazu bereit, für den Wiederaufbaufonds eine Gemeinschaftshaftung
zu akzeptieren. Gemeinschaftshaftung bedeutet, dass für den Fall
der Zahlungsunfähigkeit oder Zahlungsverweigerung von Ländern
wie Zypern, Griechenland oder Italien die verbleibenden Länder –

wie die Niederlande und Deutschland – gesamtschuldnerisch einspringen müssen. Wer die Fragilität der öffentlichen Finanzen von
Zypern, Griechenland oder Italien – ganz zu schweigen von Frankreich – kennt, der weiß, mit welcher Leichtigkeit diese Länder ge-
samtschuldnerische Verpflichtungen wie die Wiederaufbauanleihe
zu unterschreiben bereit sind. Nichts Geringeres gilt für Länder wie
Polen, das nach wie vor der politischen Ansicht verhaftet ist, gegenüber Deutschland eine Riesen-Rechnung in Form von Repara-
tionsansprüchen offen zu haben. Sie alle eint die mangelnde Bereitschaft und Fähigkeit, die Rückzahlung dieser Riesen-Summen
für den Zeitraum von 30 Jahren sicherzustellen, und gleichzeitig
die tiefe Überzeugung, dass Deutschland, die Niederlande und die
skandinavischen Länder sowie Österreich politisch und moralisch
verpflichtet seien, ihr Obligo in Gestalt von Gemeinschaftshaftung
zu erfüllen.

Dass die Vertreter des Brüsseler Kommissar-Regimes ihre Stunde nutzen wollten, um Deutschland, die Niederlande und die anderen »geizigen Länder« (Dänemark, Finnland, Schweden) zu einer Gemeinschaftshaftung zu nötigen, zu der sie unter normalen
Umständen nie bereit gewesen wären, belegt den Machthunger der
Brüsseler Zentralgewalt. Dass die Kommission mit dem Lockmittel
von Riesen-Transfers für die ostmitteleuropäischen Länder wie Ungarn und Polen dieselben bestochen hat, steht genauso wenig in Frage.[6] Wundersam ist indessen die Zustimmung zu dieser Politik in

---

6   Die Polen in Aussicht gestellten Transferleistungen in Höhe von 160 Milliarden Euro reprä-
     sentieren ungefähr das Zwanzigfache seines Verteidigungshaushaltes. Nicht ohne Grund hat
     Premierminister Morawiecki davon gesprochen, dass aufgrund des Wiederaufbaufonds Polen
     goldene Zeiten bevorstehen.

Deutschland. Von einzelnen kritischen Stimmen abgesehen,[7] hört man beim Finanzminister lediglich ein Jubeln über den Einstieg in die Gemeinschaftsschulden, so als ob Olaf Scholz eigentlich nicht deutscher Finanzminister wäre. Bei der mitregierenden CDU/CSU wird darauf hingewiesen, dass es sich um eine Einmal-Anleihe handele, obschon jedermann weiß und die EZB-Präsidentin dies sogar proklamiert,[8] dass es sich um eine Roll-over-Finanzierung handelt, die auf ewig dem EU-Binnenmarkt einen fiskalischen Impuls geben solle.

Besondere Bedeutung kommt in diesem Zusammenhang dem Deutschen Bundestag zu. Er ist bei dieser Fragestellung in seinen Kernverantwortlichkeiten gefordert. Das Bundesverfassungsgericht hat immer wieder darauf hingewiesen, dass die gesamtstaatliche Haushaltsverantwortung als unveräußerliches Recht und Pflicht beim Bundestag liege. Doch die Gleichschaltung durch Regierungsparteien und die Europagläubigkeit von Oppositionsparteien wie Linke, FDP und Grüne dürften dafür sorgen, dass der Bundestag – wie auch bei anderen europäischen Fragestellungen – zum Mainzelmännchen-Club wird.

Daher ist es an der Zeit, die zerstörerische Kraft der »Wiederaufbauinitiative« der Europäischen Kommission näher zu beschreiben. Für Deutschland geht es um eine Weichenstellung. Will man

---

7   Vgl. Sven Simon, Das Rettungspaket der EU stößt an rechtliche Grenzen – Die Rechtsgrundlage der EU-Kommission wirft Fragen auf. Im Zweifel hilft eine Vertragsänderung, *FAZ* vom 10.6.2020.

8   Vgl. hierzu die folgende Aussage von der EZB-Präsidentin in einem Interview vom 19.10.2020: *»This recovery plan tool is a response to an extraordinary situation. We should discuss the possibility of it remaining in the European toolbox so it could be used again if similar circumstances arise.«* Siehe https://www.ecb.europa.eu/press/inter/date/2020/html/ecb.in-201019~45f5cf8040.en.html (zuletzt abgerufen am 28.1.2021).

in Europa aufgehen und sich in einen Bundesstaat integrieren, in dem Deutschland als Ganzes bestenfalls noch eine Provinz mit hohen Finanzbeiträgen zugunsten der Brüsseler Entscheidungsträger sein wird? Soll sich Deutschland ferner dem französischen Diktat beugen, wonach nur eine solche dienende Rolle Deutschlands historischer Verantwortung gerecht werde? Oder gibt es genug demokratische Observanz in deutschen Landen, um diesem einmaligen Abbau der Fiskaldemokratie entgegenzutreten? Bislang sieht alles danach aus, dass, wenn nicht die Deutschen, so doch ihre politischen Parteien Deutschland auf dem europäischen Opfertisch preisgeben. Dies ist ein untrügliches Symptom von Dekadenz. Fraglich ist, ob die Deutschen auf Dauer akzeptieren werden, dass ihr Land, ihre Demokratie, ihre Selbstbestimmung und ihre Selbstachtung zum Opfer eines Brüsseler Komplotts werden. Dieser Sorge sind die folgenden zeitdiagnostischen Überlegungen gewidmet. Sie nehmen die Corona-Krise zum Anlass, um zu untersuchen, warum die Deutschen bislang vor den Brüsseler Machthabern so bereitwillig kapitulieren. Die Ursachen liegen tiefer, als wir meinen, und betreffen das Herrschaftssystem der Parteien und das nahezu fehlende Souveränitätsbewusstsein der Deutschen als Nation.

I. KAPITEL

DEUTSCHLAND IN DER KRISE:
SORGLOSE UNTERLASSUNG, FÖDERALISTISCHE
ANARCHIE, NATIONALE SELBSTAUFGABE?

In seinen *Weltgeschichtlichen Betrachtungen* räsoniert *Jacob Burckhardt*:

> »Krisen treiben das Große wohl hervor, aber es kann das
> Letzte sein.«[9]

Weniger aphoristisch, dafür aber tiefschürfender, allerdings beschränkt auf den Wechsel vom Absolutismus zur bürgerlichen Gesellschaft, finden wir bei *Reinhart Koselleck* eine Analyse zur Pathogenese der bürgerlichen Welt.[10]

---

9   Jacob Burckhardt, *Weltgeschichtliche Betrachtungen. Mit einem Nachwort von Jürgen Osterhammel*, München 2018. Der Text entspricht der kritischen Gesamtausgabe Band 10, München 2018, S. 168.

10   Reinhart Koselleck, *Kritik und Krise*. Es handelt sich um die Dissertation Kosellecks aus dem Jahre 1953. Vergleiche den Text der Suhrkamp Taschenbuchausgabe von 2013, Frankfurt, 12. Auflage, die identisch mit der Erstauflage im Verlag Karl Alber ist. Freiburg/München 1959, S. 32.

>>Es liegt im Wesen einer Krise, dass eine Entscheidung fällig ist, aber noch nicht gefallen. Und es gehört ebenso zur Krise, dass offen bleibt, welche Entscheidung fällt. Die allgemeine Unsicherheit in einer kritischen Situation ist also durchzogen von der einen Gewissheit, dass – unbestimmt wann, aber doch bestimmt, unsicher wie, aber doch sicher – ein Ende des kritischen Zustands bevorsteht.<<[11]

Die Schubkraft einer Krise, die Koselleck geschichtsphilosophisch beschreibt, wird uns durch die unterschiedlichen Gefahrenlagen in Europa sowie in der gesamten westlichen Welt veranschaulicht. Während autoritäre Staaten und Diktaturen mit drakonischen Maßnahmen, die von der Bevölkerung nolens volens akzeptiert werden, die Corona-Seuche in den Griff bekommen haben, schlittert der Westen durch die Pandemie in steter Hoffnung auf ein rettendes Serum.

Für die Europäische Kommission ist die Krise ein gefundenes Fressen: Sie schlägt – ohne hierfür ein Mandat zu haben – in historisch unbekanntem Maße die Vergemeinschaftung von Risiken unter den Mitgliedstaaten vor. Hiernach soll die EU – obwohl es gar keine Kriegszerstörungen gibt – im Wege eines >>Wiederaufbaufonds<< in Höhe von 750 Milliarden Euro die Ungewissheit, welche die Krise in den Mitgliedstaaten ausgelöst hat, durch den Marsch in den Bundesstaat überwinden. Ihre Präsidentin – von der Leyen – fragt nicht danach, ob die Völker Europas zu einer solchen Schicksalsgemeinschaft bereit sind, ob ihr >>sense of belonging<< hier-

---

11   Reinhart Koselleck, *Kritik und Krise*, a.a.O., S. 105.

für bereits ausreicht. Vielmehr handelt sie – obschon demokratisch mitnichten legitimiert – und verschafft sich damit finanzielle Ressourcen, mit denen sie kurz- und mittelfristig jegliche Opposition gegen ihre Politik und gegen ihr Regime unter den goldenen Zügel des Geldes zu zwingen vermag.

Jedoch könnte im Megaprogramm der Selbstermächtigung der Europäischen Kommission ebenso gut der Keim ihres Niederganges liegen. Wenn nämlich die Völker Europas und die Öffentlichkeit nach einiger Zeit verstehen, dass eine zentraleuropäische Instanz gar nicht in der Lage ist, zu wissen, wann und wo »produktive Investitionen des öffentlichen Sektors« vorgenommen werden sollen. Dann wäre aus dem von Olaf Scholz triumphierend beschriebenen Hamilton-Moment ein Hayek-Moment geworden: Die Europäische Kommission hätte sich Ressourcen angeeignet, die den Nationalstaaten vorbehalten sind, und über ihre Verwendung unter Anmaßung eines Wissens geurteilt, über das sie schlechthin nicht verfügt. Ähnliches gilt für die vielen Corona-Hilfen, die unter Hinnahme einer historischen Staatsverschuldung in Deutschland nicht nur an Gewerbetreibende, sondern auch an Moscheevereine verteilt werden.[12] Die hierdurch entstandene Verteilungsungerechtigkeit wird von den herrschenden Medien bislang als eine Reihung von Einzelfällen verharmlost. Was aber, wenn die vereinigten Steuerzahler der Nordländer die allokativen Verwerfungen des künftigen Von-der-Leyen-Geldsegens kritisch hinterfragen? Dies könnte der Wendepunkt in der Entwicklung der europäischen Integration werden – allerdings nur dann,

---

12 Vgl. hierzu Kerbers Kolumne » Gemeinnützigkeit« vom 21.12.2020 bei https://www.globkult.de/blogs/kerbers-kolumne

wenn die deutsche Öffentlichkeit die Faktenlage so sieht, wie sie ist, und nicht länger die Europa-Religion als deutsche Bußhaltung für die Verbrechen des Holocausts verinnerlicht.

Die historische Deutung der durch die Corona-Pandemie ausgelösten Wirtschaftskrise mag späteren Generationen vorbehalten bleiben. Indessen steht schon jetzt fest: Der leichtfertige Umgang hiermit durch die westlichen Demokratien, zum Beispiel von Italien sowie den USA und nunmehr auch von Deutschland, hat nicht nur unvorstellbare wirtschaftliche Verwerfungen hervorgebracht, sondern auch das Vertrauen in die Institutionen der westlichen Demokratie zutiefst erschüttert. Gleichzeitig schaffte die Corona-Pandemie etwas, das bisher niemand vermochte: In Europa wurde eine Fülle ökonomisch obsoleter, neo-sozialistischer Ideen wie die von Eurobonds – unter immer neuen Namen – einer zunehmend irrationalen Öffentlichkeit zugeführt. Während die gesamte politische Klasse Italiens sich ihrer Kollektivschuld für die desolaten Finanzen des Landes munter entzog und auf die »historische Verantwortung« Deutschland verwies, entschuldigten sich die deutsche Kanzlerin und ihr Vize im Frühjahr 2020 immer häufiger dafür, dass es trotz der Krise *noch* keine Eurobonds geben könne.

Henry Kissinger macht sich sogar darüber Sorgen, dass die Corona-Pandemie nicht nur die westlichen Demokratien, sondern auch die staatlichen Institutionen als solche in Frage stelle. Damit würde das Vertrauen der Bürger in sie – von denen diese leben – aufgezehrt.[13] Dem mittlerweile 97-jährigen Ex-Außenminister scheinen Erkenntnisse zu dämmern, die man sich bei Ex-Präsident Trump ge-

---

13   Henry A. Kissinger, The Coronavirus Pandemic will forever alter the World Order, *Wall Street Journal*, 3. April 2020.

wünscht hätte. Denn in einer hochtechnisierten, naturwissenschaftlich fortgeschrittenen Welt ist es schon erstaunlich, dass sich ein angeblich auf einem Tiermarkt in China entstandener Virus im bisherigen Maße hat ungehindert ausbreiten können, die westliche Welt lähmt und einzelne Regierungschefs zum fahrlässigen Umgang mit der öffentlichen Gesundheit anstiftete.

Ganz anders ging es in Preußen zu: Als im Juni 1831 die Cholera Danzig erreichte, wusste Ludwig Gustav von Thile, Generalmajor und Chef der vom preußischen Innenministerium eingesetzten Immediatkommission zur Abwehr der Seuche sofort zu handeln. Die bis dahin nur für Preußen und Schlesien geltenden Quarantänebestimmungen wurden sofort auch auf Westpreußen ausgedehnt. Durch allerhöchste Kabinettsordre wurde Thile ferner ermächtigt, die Vorsichtsmaßnahmen gegen die Verbreitung der Cholera auch auf andere Provinzen auszudehnen.[14]

Doch was ein politisch entschlossener, wenngleich medizinisch-technisch unterentwickelter Staat wie Preußen innerhalb kürzester Zeit zu entscheiden wusste, dauerte in der Bundesrepublik Deutschland sehr viel länger. Noch am 30.01.2020 hatte Bundesgesundheitsminister Spahn angesichts der ersten Infektionen in Deutschland vor Hektik gewarnt.[15]

---

14 Birgit Nolte-Schuster in *Deutsches Ärzteblatt 2007*, S. 104 ff. »Medizingeschichte: Preußen im Kampf gegen die Cholera«.

15 Vgl. hierzu der Kasten »Der vermeidbare Ausnahmezustand«.

Der vermeidbare Ausnahmezustand

Der Held in Albert Camus' großem Roman »Die Pest« von 1947, Dr. Bernard Rieux, sieht zunächst einige tote Ratten auf der Treppe eines Hauses. Dann finden sich die Kadaver in größerer Zahl in der Gosse des Städtchens Oran. Schließlich häufen sich bestimmte fiebrige Erkrankungen bei den Einwohnern und der alerte Arzt macht alle seine Kräfte mobil.

Dieser verkürzte literarische Rückblick mag genügen, um klarzustellen: Bei Seuchen sollten Mediziner zu Wort kommen und nicht die Figuranten des Politikbetriebs mit einer überschaubaren akademischen Ausbildung.

Als der Bundesgesundheitsminister in der ZDF-Talkshow am 30.1.2020 zu den bis dahin vier bekannten Corona-Fällen in Deutschland Stellung nahm, setzte er auf Wohlfühlpolitik. Obschon der Mediziner Johannes Wimmer die Möglichkeit bedrohlicher Szenarien qualifiziert darlegte und über den bislang unbekannten Charakter dieser viralen Lungenerkrankung berichtete, wollte Spahn nichts von einem Ausnahmezustand wissen. An der Grippe wären schließlich auch 50 Menschen gestorben und im Übrigen (Originalton Spahn): »Ich verstehe die ganze Hektik nicht!« Er verwies auf die »regelhafte Koordinierung« aller Maßnahmen zwischen Bund und Ländern. Es dauerte keinen Monat, bis am 26.2.2020 derselbe Bundesgesundheitsminister auf einer Pressekonferenz zugeben musste: »Wir befinden uns am Anfang einer Corona-Epidemie. Die Wahrheit ist nicht, dass die Epidemie an Deutschland vorbeigeht.«

Zu diesem Zeitpunkt hatten sich die fröhlichen Rheinländer bereits auf Karnevalszügen – mit dem Segen des Landesvaters Laschet – amüsiert und die Fußballstadien waren noch in vollem Betrieb. Wenig später, am 9.3.2020, konnte der Bundesgesundheitsminister nicht anders, als das Bestehen von bereits 240 offiziellen Infektionen zuzugeben. Im Bundestag erklärte er mit ungebrochenem Selbstbewusstsein: »Wir nehmen das Corona-Virus ernst, die Lage hat sich in den letzten Stunden geändert. Wir werden jeden Tag sagen, was wir wissen, aber auch das, was wir nicht wissen.«

Seither schob sich die Macht der exponentiellen Virusinfektion mit mehr als 20.000 registrierten Infektionen in Deutschland am 22.3.2020 in den Mittelpunkt des Geschehens. Niemand ließ sich mehr durch die Worte des Herrn Ministers vom 9.3.2020 beruhigen: »Wir müssen auch sehen, die Zahl der Genesenen ist weltweit gestiegen.« Jetzt geht es auch nach dem offiziellen Diskurs nicht mehr darum, der Pandemie zu entgehen, sondern ihre Ausbreitung einzudämmen, um die Krankenhauskapazitäten für die schwer erkrankten Patienten frei zu halten.

Doch Deutschland übte sich weiter in der Kohabitation von Ländern einerseits, wie Nordrhein-Westfalen, das Spielplätze für Kinder zugänglich ließ, und andererseits Bayern, das den Katastrophenfall ausrief und strengste Maßnahmen ergriff. Der Zusammenstoß zwischen dem nahezu preußischen Markus Söder, der zu unpopulären, unumgänglichen Maßnahmen griff, und dem »Ritter wider den tierischen Ernst« Armin Laschet, der fröhlich-rheinisch auf die Stimmung in NRW achtgab, spricht Bände über den Zustand des deutschen Föderalismus.

Die öffentliche Selbstentblößung des Bundesgesundheitsministers wirft grundsätzliche Fragen über die Fähigkeit föderaler Demokratien auf, mit Ausnahmezuständen umzugehen. Der langjährige Bundesverfassungsrichter, Prof. Dr. Dr. Ernst-Wolfgang Böckenförde, hielt seinerseits inmitten der Debatte über die staatlichen Notwehrrechte gegen Terrorismus seine Antrittsvorlesung an der Universität Freiburg zum Thema »Der verdrängte Ausnahmezustand?«.[16] Damit ist in der Themenstellung bereits problematisiert, was für liberale Demokratien charakteristisch ist. Politiker sind am wenigsten bereit, Ausnahmezustände zu bejahen, die aus ihnen erwachsenden Gefahren zu zernieren und der Bevölkerung reinen Wein einzuschenken. Sie wollen schließlich wiedergewählt werden und vermeiden zu diesem Zweck Ankündigungen oder gar Maßnahmen, die vom Demos als unangenehm angesehen würden. Indessen ging es bei der Corona-Krise darum, nicht nur die Ansteckungsketten nachvollziehen zu können, sondern auch das Eindringen des Virus in das Hoheitsgebiet der Bundesrepublik Deutschland zu verhindern. Um dies erfolgreich zu gestalten, hätten an der Grenze seit den ersten vier Ansteckungsfällen strenge Kontrollen durchgeführt werden müssen. Insbesondere hätte man identifizieren müssen, wer aus Zonen mit hohen Ansteckungsgefahren kam. Nichts dergleichen ist geschehen. So nimmt es nicht Wunder, wenn der Bundesgesundheitsminister wenig später zugeben musste, dass die Situation »sehr dynamisch« und »der Höhepunkt der Pandemie noch längst nicht erreicht« sei. Der flackernde Blick des Jens Spahn unterstreicht seine irrlichternden Gedanken: Er dankt allen »Kolleginnen und Kollegen« in Bund und Ländern für den »sachlichen und konstruktiven Dialog«. Gleiches gelte für alle parlamentarischen Vertreter der Gesundheitspolitik quer durch die Parteien. Dies ist nicht der Diskurs, den man von einem Staat er

---

16   NJW 1978 S. 1881-1890.

wartet, dessen vornehmste Aufgabe es ist, Gesundheitsgefahren von seiner Bevölkerung abzuwehren. Jawohl, dieser Ausnahmezustand ist zu spät die Stunde des Staates geworden – eines Staates, der im Hin und Her zwischen Bund und Ländern, zwischen Konsultationen innerhalb der EU hilflos wirkte und wahrscheinlich darauf vertraute, dass sich – wie es der große Liberale Hayek einst formulierte – eine Ordnung spontan in der gegenwärtigen Situation herausbilden würde. Diese spontane Ordnung à la Hayek kommt allerdings immer nur durch das Verhalten von Individuen zustande. Wie will man angesichts der manifesten Hilflosigkeit der Staatsgewalt in Bund und Ländern sowie den surrealistischen Deklarationen der Kommissionspräsidentin Dr. von der Leyen es den Bürgern eines Landes verübeln, dass sie Hamsterkäufe durchführen und alle Desinfektionsmittel aufkaufen?

Was indessen fehlt, ist eine staatliche Gewalt, die durch ihren rigorosen Dezisionismus zwar von allen Betroffenen große Opfer fordert, aber hierdurch auch das Vertrauen in ihre eigene Funktionalität stärkt. Man mag über das chinesische Politiksystem die Nase rümpfen und muss die permanenten Regierungslügen verdammen. Da es diesem politischen System – und damit der Macht der Kommunistischen Partei – angesichts der grassierenden Infektion an den Kragen ging, verteidigte sie ihre eigene Macht durch die Rigorosität der Quarantäne-Maßnahmen.

Währenddessen machte Deutschland weiter Trippelschritte zum Ausnahmezustand. Ausgehverbote – in vielen europäischen Ländern längst verordnet – ließen noch auf sich warten. Am Vater Rhein feierte die Jugend in trauter Gemeinschaft den Frühling. Währenddessen blieb es schwierig und risikoreich, sich auf die Corona-Infektion testen zu lassen. Dabei hat uns Südkorea gezeigt, wie man durch Corona-Drive-ins unschwer den eigenen Gesundheitszustand überprüfen kann.

Brauchen wir für Amtsinhaber, die gezeigt haben, dass sie mit diesen Krisen mangels adäquater Kenntnisse nicht fertig werden können, das Damoklesschwert eines Anklageverfahrens? Ein solches Anklageverfahren, in Amerika Impeachment genannt, ist die Ultima Ratio, um einen Amtsinhaber, der die Verfassung verletzt, loszuwerden. Es wird auch in den USA außerordentlich sparsam verwandt, aber es wirkt als Sanktion tendenziell abschreckend. Nie wurde das Selbstbewusstsein des präsidialen Amtsinhabers Trump so getroffen wie durch die Erhebung eines Anklageverfahrens. Wir können aus der Verfassungspraxis der USA diesbezüglich lernen und sollten reiflich darüber nachdenken, ob gegen die Oligarchie des Parteienstaates der Bürger das Recht auf Ministeranklagen erhalten sollte. Immerhin gehe Minister Spahn – nach Meinung vieler Medien – mit gutem Beispiel voran. Denn im Gespräch mit *Bunte*, deren Berliner Büroleiter sein Ehemann Daniel Funke ist, sagte er seine Geburtstagsparty angesichts der Corona- Krise ab. Diesem Gesundheitsminister gelingt es sogar, seinen exhibitionistischen Narzissmus als Demut zu verkaufen.

——— ∼ ———

In der staatsrechtlichen Literatur finden sich Bibliotheken voller Bücher, die sich mit dem Schutz der Demokratie vor ihren Feinden beschäftigen. Das Grundgesetz der Bundesrepublik Deutschland hat zum Schutz der freiheitlich-demokratischen Grundordnung – also zur Verfassungssicherung – eine Verfassungsgerichtsbarkeit geschaffen, die mehr als ein Staatsgerichtshof ist, und es den Bürgern erlaubt, sich gegen Akte staatlicher Gewalt, die ihre Grundrechte verletzen, zu wehren. Die Verfassungssicherung durch Verfassungsgerichtsbarkeit ist ein Konzept, welches indessen voraussetzt, dass die zur Sicherung der Demokratie bestehenden staatlichen Funktionen auch funktionstüchtig bleiben. Diese Funktionstüchtigkeit wird sozusagen vorausgesetzt und – wie aus Artikel 79 Absatz 3 Grundgesetz hervorgeht – als überzeitlich angenommen.

Bedrohungen für die so geschützte freiheitlich-demokratische Grundordnung gingen in der Vergangenheit stets nur von externen Gefahren oder inneren Umsturzversuchen aus. Die Verbreitung einer Seuche, deren Gefahr von dem zuständigen Ressortchef, dem Bundesgesundheitsminister, sträflich unterschätzt wurde, gehört nicht zu den durch das Konzept der Verfassungssicherung georteten Bedrohungen. Fast könnte man versucht sein, in diesem Zusammenhang und in Anlehnung an das berühmte Böckenförde-Diktum zu formulieren: Die Demokratie lebt von Voraussetzungen, die sie nicht selbst garantieren kann.

Wenn überfüllte Krankenhäuser keine Corona-Patienten mehr aufnehmen können, wenn Ärzte angesichts der Engpässe entscheiden müssen, welchen Patienten man noch Behandlungskapazität zur Verfügung stellen kann, dann fühlt man sich an Kriegsmedizin erinnert.

Angesichts der Verharmlosung der Ansteckungsgefahr, die von dem Corona-Virus ausgeht, stellt sich jedoch noch mehr die Frage, warum gerade in westlichen Demokratien eine so existenzielle Gefahr für den Bestand eines geordneten menschlichen Zusammenlebens zuerst nicht erkannt und ihr dann nur unzureichend entgegengetreten worden ist. Gesundheitsminister Spahn wandte sich noch im Januar des Jahres 2020 – als die ersten Infektionen in Deutschland ausgemacht worden waren – gegen jene seiner Kritiker, die nach seiner Überzeugung im Netz angeblich eigene Interessen verfolgten, indem sie die Gefahr übertrieben. »Nur keine Hektik«, war damals die Parole des Gesundheitsministers. Ebenso der nordrhein-westfälische Ministerpräsident Laschet, der zu diesem Zeitpunkt noch die Möglichkeit hatte, nicht nur Fußballspiele, sondern auch Karnevalsumzüge zu verbieten. Erst nachdem das Kind in den Brunnen gefallen war und die fröhlichen Karnevalisten das Rheinland durchzogen hatten, näherten sich die Vertreter der Parteiendemokratie der Fragestellung, ob man Versammlungen mit mehr als 1000 Personen (!) untersagen solle. Mittlerweile stieg die Zahl der Infizierten in Deutschland täglich um 1500 und im Bundesinnenministerium wurden verschiedene Szenarien zum Gegenstand eines Geheimpapiers gemacht. Von diesen vier Szenarien ist die vierte, eine apokalyptische mit der Auflösung staatlicher Ordnung und anarchischen Verhältnissen, jene, die Auskunft darüber gibt, was in informierten Zirkeln des politischen Establishments gedacht wird. Dass dieses Papier dennoch an die Öffentlichkeit geriet, zeigt den Mangel an Professionalität im Umgang mit dem Ausnahmezustand. Denn apokalyptische Planungsszenarien einer ohnehin schon verängstigten und verunsicherten Bevölkerung zuzuführen, ist – für sich genommen – bereits ein Akt der Selbstentblößung.

Die im Vergleich zu Ländern wie Taiwan, Südkorea und China offensichtliche Überforderung staatlicher Gewalten mit der Bewältigung des gegenwärtigen Seuchen-Ausnahmezustands schlägt sich auch im politischen Stil nieder. Gemeint ist damit nicht, dass die Regierung nunmehr mit gehörigem Abstand zwischen den Regierungsmitgliedern tagt und im Bundestag ebenso zwischen den einzelnen Abgeordneten Abstand gehalten wird. Mit Stil ist die politische Form gemeint, mit der hohe und höchste Repräsentanten des Staates auf die Herausforderungen reagieren. Von Carl Schmitt stammt die Einsicht, dass große politische Werke auch große sprachliche Form erfordern.[17] Mut und die Fähigkeit zu großer politischer Form scheint dem Politik-Establishment abhandengekommen zu sein. Frau Merkel, als sie sich zum ersten Mal in ihrer Fernsehansprache an die deutsche Bevölkerung direkt wandte, wirkte wie eine alte Tante, die ihren Neffen, die heimlich geraucht haben, ins Gewissen redete: »Es ist ernst!«, sagte sie mit wenig eindringlicher Stimme. Von dieser Rhetorik geht gar keine Wirkung aus. Sie legt vielmehr ein erbärmliches Zeugnis über das Niveau der Politik in unserem Land ab. Als 1977 die »Landshut« entführt wurde, wusste der deutsche Regierungssprecher, Klaus Bölling, selbst bei amtlichen Mitteilungen der Bundesregierung durch seine Sprachkunst zu beeindrucken. Davon ist nichts geblieben. Peinlich sind die Auftritte von Frau von der Leyen im Europäischen Parlament. Sie redete zu den wenigen anwesenden Abgeordneten wie eine Grundschullehrerin, die eine etwas ungezogene Klasse unbedingt in den Griff kriegen will. Das Einzige, was ihr noch fehlt, ist ein Lineal, mit dem sie jene Aufmüpfigen, die nicht ihren Europa-Refrain anstimmen, zur Räson bringt.

Deutschland und Europa in der Corona-Krise ließen nicht nur die Brüchigkeit der Institutionen offenbar werden, sondern veranschaulichen auch das Mittelmaß einer Politikerklasse, die ihre Abdankung

---

17   Carl Schmitt, *Römischer Katholizismus und politische Form*, Text der Ausgabe von 1925, Stuttgart 1984, S. 38.

noch nicht verstanden hat: ein Abgesang, der den zeitdiagnostischen Beobachter nachdenklich werden lässt.

Als die Infektionskette nicht mehr nachvollzogen werden konnte und die Ansteckung pandemische Ausmaße annahm, wurde sofort das Füllhorn des Sozialstaates ausgeschüttet und gleichzeitig nolens volens eine rigide Kontaktsperre erlassen. Der BRD-Föderalismus, der mit seiner permanenten Schalte zwischen der Bundeskanzlerin und den 16 Ministerpräsidenten einem Vermittlungsausschuss gleicht, schien mit seinem Latein am Ende. Alsbald meldeten sich alle denkbaren Interessenverbände von Fußballvereinen über das Gaststättengewerbe, dem paritätischen Wohlfahrtsverband bis hin zu den Verbänden darstellender Künstler lautstark zu Wort, um von Vater Staat üppige Subventionen zu erlangen. Die Kontaktsperre wurde weitgehend akzeptiert und die Grenzen blieben geschlossen. Mit einer Ausnahme: 10.000 Erntehelfer aus Osteuropa mussten eingeflogen werden, weil es unter den 2,3 Millionen deutschen »Arbeitsuchenden« niemanden gab, der nach Aussagen des Bauernverbandes bereit war, in der frischen April-Luft den Spargel zu stechen und auf deutschen Feldern behilflich zu sein. Als dann im Sommer 2020 jene von Laschet gepriesene Lockerung der Corona-Beschränkungen den unseligen Keim für die zweite Welle im Herbst legte, meldeten angesichts der Corona-Spendabilität der öffentlichen Hand immer abstrusere Gruppen, so auch der Raver-Lobbyist Dr. Motte, unter Hinweis auf ihre »Systemrelevanz« den Anspruch auf Corona-Hilfe an.[18]

---

18   Vgl. die Kolumne »Kulturkampf« bei www.globkult.de/blogs/kerbers-kolumne/ 1939-kulturkampf.

Nicht zu vergessen der Club Med der EU: Spanien, Italien und allen voran Frankreich meldeten sich zu Wort. Das chronisch überschuldete Italien wusste die Bilder von den Särgen in Bergamo am besten zu vermarkten. Nachdem Ministerpräsident Conte nach ersten Ansteckungen in Italien noch erklärt hatte, Italien bleibe ein offenes Land und die Touristen seien willkommen, musste er nunmehr eine so rigorose Ausgangssperre verhängen, dass die italienische Wirtschaft – ohnehin schon konjunkturell lädiert – vollständig zum Erliegen kam. Jetzt aber gelte es für Deutschland, so meinte er unter öffentlichem Beifall, in Europa Solidarität zu beweisen und in die Gemeinschaftshaftung durch Eurobonds einzusteigen.

So kam also die Forderung nach gemeinsamen EU-Schulden »in der Stunde der Solidarität« wieder auf die Agenda der Politik und wurde dankbar von der spanischen, italienischen und besonders der französischen Regierung bedient.

Jacob Burckhardt hatte gewiss Recht, wenn er die Krise als einen Beschleuniger qualifizierte. Die Frage ist nur: Wird die Gesundung des Gemeinwesens beschleunigt oder wird sein Niedergang akzeleriert?

Nicht nur Deuter der Weltgeschichte wie Burckhardt sind in diesem Zusammenhang zu zitieren. Auch der langjährige Gouverneur der Österreichischen Nationalbank, Ewald Nowotny, erhebt in der Tagespolitik seine Stimme. Der Europa-Fan und bekennende Keynesianer liefert in der Österreichischen Gesellschaft für Europapolitik einen wichtigen Beitrag. Er meint, dass der wohltätige Einsatz des europäischen Rettungsfonds ESM geboten und für die Strukturanpassung der südeuropäischen Staaten auch direkte, nicht rückzahlbare

Zuschüsse im Rahmen eines europäischen Wiederaufbauprogramms zu leisten seien.[19]

Wer für diese großherzigen Transfers aufkommen sollte, ließ der sympathische Wiener Sozialdemokrat Nowotny außer Betracht. Doch gerade hier gibt es innerhalb der Europäischen Union unüberbrückbare Interessenkonflikte. Beim Geld hört bekanntlich der Spaß auf. Indes meint Nowotny mit seiner Europagläubigkeit, dass all diese Interessengegensätze unbedeutend seien. Er *glaubt*, dass die gemeinsam erlebte Corona-Krise auch ein stärkeres Zusammengehörigkeitsgefühl in der EU bewirken könne. Mit dieser etwas forcierten Interpretation ist er nicht allein. Auch der niederländische Philosoph und Historiker Luuk Van Middelaar hat sich zu der kühnen These vorgewagt, dass in jeder Krise ein unsichtbarer Klebstoff entstehe, der Europa zusammenhalte.[20] Derartige gesundbeterische Interpretationen verkennen, dass es der Bevölkerung in den Niederlanden und in Deutschland, in Österreich und in Finnland schwer zu erklären ist, warum aufgrund der Pannen im Gesundheitswesen Frankreichs, Spaniens und Italiens sowie der hieraus entstehenden Übersterblichkeit bei der Corona Pandemie dieses gesundheitspolitische Problem nur europäisch gelöst werden könne.[21] Noch weniger lässt sich hieraus erklären, warum nunmehr eine Gemeinschaftshaftung für die Schulden aller EU-Länder alternativlos sei.

---

19   Vgl. hierzu Ewald Nowotny, *Eurobonds, Corona und »Kriegsfinanzierung«*, Österreichische Gesellschaft für Europapolitik, 22.4.2020.

20   Vgl. hierzu sein Interview in der *NZZ* vom 25.4.2020, S. 5: »In jeder Krise gibt es einen unsichtbaren Klebstoff, der Europa zusammenhält.«

21   Art. 168 AEUV behält die Gesundheitsvorsorge eindeutig den Mitgliedstaaten vor.

Gesundheitsfürsorge ist immer, wenn nicht nur lokal, so doch vor allem regional. Wir können die Kranken aus Marseille nicht alle nach Hamburg bringen. Genauso wenig ist es bei einem stärkeren Ausbrechen der Epidemie im Raum Brandenburg möglich, die Infizierten in die Krankenhäuser von Neapel zu verlegen. Im Übrigen wird in den europäischen Grenzregionen erheblicher Kostenaufwand betrieben, um die Krankenhauskapazitäten für Corona-Patienten zu nutzen. Patienten aus Italien wurden nach Deutschland verlegt. Ebenso wurden aufgrund von Kapazitätsengpässen in Nordfrankreich französische Corona-Patienten in deutsche Krankenhäuser eingeliefert – mit Spezialtransportflugzeugen der Bundeswehr. Der Kommissionspräsidentin von der Leyen fiel allerdings angesichts dieser exzeptionellen Hilfsleistungen nichts anderes ein, als eine EU-Gesundheitsunion zu fordern.[22] Noch mehr Europa nun auch bei der Krankenhausversorgung? Die ehemalige Assistenzärztin Dr. von der Leyen muss es wissen.

---

22 Vgl. hierzu die Kolumnen »Impfsozialismus« und »Impfsozialismus II« bei https://www.globkult.de/blogs/kerbers-kolumne.

2. KAPITEL

DIE CORONA-KRISE:
DAS GEFUNDENE FRESSEN FÜR DIE FEINDE
DER DEUTSCHEN DEMOKRATIE

Man kann nicht umhin, unseren Erbfreunden in Paris Respekt zu zollen. Sie haben viel schneller als die politische Pseudoelite der Bundesrepublik Deutschland das Gestaltungspotenzial des Ausnahmezustandes der Corona-Krise erkannt. Zwar stehen Italien, Spanien und auch Frankreich aufgrund ihres hohen Bruttoschuldenstandes mit dem Rücken zur Wand. Sie müssten eigentlich die Länder mit soliderer Finanzwirtschaft anflehen, sie vor dem Abgrund des Staatskonkurses zu bewahren. Stattdessen trumpfen sie mit dem Selbstbewusstsein historischen Gestaltungswillens und mit dem zynischen Appell an die europäische Solidarität auf, um es Ländern wie Deutschland, Niederlande, Finnland und Österreich schmackhaft zu machen, von ihrer Bonität als Staatsschuldner etwas abzugeben. Die Corona-Krise ist ein gefundenes Fressen für die Machthaber in Paris und die politische Klasse Italiens, um endlich das zu bekommen, was ihnen nach den europäischen Verträgen verboten ist: Gemeinschaftshaftung.

Einst hatte ein brillanter, furchtbarer deutscher Jurist namens *Carl Schmitt* formuliert:

> »Das Normale beweist nichts, die Ausnahme beweist alles; sie
> bestätigt nicht nur die Regel, die Regel lebt überhaupt nur
> von der Ausnahme. In der Ausnahme durchbricht die Kraft
> des wirklichen Lebens die Kruste einer in der Wiederholung
> erstarrten Mechanik.«[23]

Ob die Machthaber in Paris Carl Schmitt gelesen haben, lässt sich nicht klären. Wichtig ist: Sie handeln nach seinen Einsichten. Während in Deutschland die Bundeskanzlerin in endlosen Sitzungen mit 16 Ministerpräsidenten der Länder geduldig dafür werben musste, das zu tun, was bei einer Pandemie notwendig ist, zogen die Machthaber in Paris und Rom unter Hinweis auf die hohen Opferzahlen und die schwere Rezession ihrer Volkswirtschaften die Fäden. In Deutschland wurde noch darüber gerungen, ob Ausgangsverbote verlängert, Kontaktsperren mehr oder weniger streng gehandhabt werden sollten. Derweil saßen Franzosen, Italiener und Spanier diszipliniert in häuslicher Quarantäne und vertrauten darauf, dass ihre Regierungen bei dem Versuch erfolgreich sein würden, den Deutschen, Niederländern, Finnen und Österreichern ihr Selbstbestimmungsrecht über die öffentlichen Finanzen zu nehmen. Dabei sind die Europäische Union und ihr folgend die ökonomisch wichtigen Mitgliedstaaten schon sehr weit in Vorleistung getreten:

- Ein europäisches Kurzarbeitergeld soll über das Finanzierungsinstrument *SURE* besonders den Südländern gewährt werden.

---

23   Carl Schmitt, *Politische Theologie. Vier Kapitel zur Lehre von der Souveränität*, 4. Auflage der 1934 erschienenen 2. Auflage, Berlin 1985, S. 22.

Hierfür hat die Europäische Kommission begonnen, mit Wirkung für die Europäische Union Anleihen zu begeben, für die die Mitgliedstaaten bürgen. Nota bene: Deutschland verfügt über ein System von Kurzarbeitergeld, das gegenwärtig großzügig zu Lasten der Staatsfinanzen gehandhabt wird. Deutschland finanziert daher aus purem Altruismus ein Zweitsystem auf EU-Ebene, für das kein nationaler Bedarf besteht.

- Die Europäische Investitionsbank soll für bis zu 200 Milliarden Euro zusätzliche Darlehen an Unternehmen gewähren. Was passiert, wenn diese Darlehen nicht zurückbezahlt werden und die Mitgliedstaaten eventuell Verluste der Europäischen Investitionsbank nicht zu kompensieren bereit sind, wird nirgendwo problematisiert. Wieso ein solches Haftungsrisiko eingegangen wird, obwohl Deutschland mit der Kreditanstalt für Wiederaufbau (KfW) über eine renommierte und erfahrene öffentliche Entwicklungsbank verfügt, erschließt sich nicht.

- Der europäische Rettungsfonds ESM, einst gegründet, um Stabilitätshilfen an einzelne Länder – unter der Bedingung strikter Konditionalität[24] – für den Fall zu vergeben, dass ohne diese Hilfen die Stabilität des gesamten Eurowährungsgebietes gefährdet wäre, soll in Höhe von 240 Milliarden Euro Kredite an bedürftige Euro-Länder unter weichen Bedingungen vergeben können. Der Deutsche Bundestag stimmt dieser satzungswidrigen Nutzung des ESM zu.[25] Dennoch verschmäht Italien die ESM-Kredite, weil die politische Elite jedwede Konditionalität ablehnt.

---

24 So nennt man die Sanierungsauflage.

25 Dieses neue Instrument des ESM trägt den Namen ECCL Pandemic Crisis Support (PCS). Vgl. die Vorlage des BMF vom 12.5.2020, Drucksache 19/19110.

Bislang wurde das neue Instrument des ESM auch deshalb nicht in Anspruch genommen, weil die EZB durch ihre fortgesetzten und quantitativ erweiterten Anleihenkaufprogramme die Zinsen für Italien & Co künstlich niedrig hält. Warum also mit dem ESM überhaupt verhandeln, wenn die EZB Billiggeld ohne jegliche Konditionen spendiert?

- Die EZB hat mit dem Pandemischen Notstandsanleihenkauf-Programm (PEPP) alle bisherigen Selbstbeschränkungen fallengelassen: Es werden griechische Anleihen gekauft, ferner Geldmarktpapiere. Der Kapitalschlüssel der EZB wird nicht länger beachtet. So können vom Eurosystem überproportional viele Anleihen aus den Südländern erworben werden. Auch die 33-Prozent-Obergrenze des Erwerbs pro Emission, die vom Europäischen Gerichtshof für erforderlich gehalten wird, um dem Verbot monetärer Staatsfinanzierung zu entgehen, ist über Bord geworfen worden.

- Zusätzlich ließ die EZB am 7.4.2020 verlautbaren, dass die Anforderungen an Pfänder für die Anerkennung der Notenbankfähigkeit pauschal herabgesetzt werden und viele Vermögenswerte (»assets«), die wie Kreditforderungen keine marktfähigen Wertpapiere darstellen, beim Eurosystem als Sicherheit für Zentralbankkredite eingereicht werden können. So wird die EZB zur Müllkippe für wertlose Assets, die die Banken in die Bilanz der EZB spülen können. Sie erhalten hierfür sogar noch Zentralbankkredit!

Dennoch: Den Bürgern der EU soll noch mehr Solidarität zugemutet werden. Hierfür plädieren, wie kann es anders sein, der ehemalige

Präsident der EU-Kommission Jean-Claude Juncker am 11.4.2020 in der *Welt*[26] genauso wie der EZB-hörige Chefökonom der Berenberg-Bank, Holger Schmieding, im Deutschlandfunk. Dies setzt voraus, dass man die hoheitliche Autonomie der EU-Staaten im Bereich der Finanzwirtschaft in ihrem Kern entleert. Wollen Deutschland, die Niederlande, Österreich, Tschechien sowie die skandinavischen Länder die Demokratie bei Haushaltsfragen aufgeben?

MACRON BEFIEHLT, DEUTSCHLAND FOLGT?

Unter Frankreichs Führung vereint, machen die Südländer Front gegen Deutschland und die Niederlande: Die von der Politik in Europa zu spät erkannte Ausbreitung des Corona-Virus sowie die zunächst unterschätzten, anhaltenden ökonomischen Auswirkungen auf die Wirtschaft haben dem Ideenwettbewerb um die europäische Integration neue Impulse verliehen.

Mit Klarsicht hat der Hamburger Ordnungsökonom Dirk Meyer die Corona-Taktik der europäischen Union politisch qualifiziert. Er schreibt: »Auf Sir Winston Churchill geht der Spruch zurück: Never let a good crisis go to waste – Lass keine Krise ungenutzt.«[27] Seiner Meinung nach offenbart die Diskussion um Corona-Bonds eine Strategie, die Europäische Union zu einer Schuldengemeinschaft bis hin zur Haftungsunion umzubauen.

---

26 Bluewin News: »Juncker fordert Einführung von Corona-Bonds«.

27 Dirk Meyer, EU führt mit Arbeitslosenhilfe Eurobonds durch die Hintertür ein, *Börsenzeitung*, 22.4.2020, S. 6.

Prof. Meyer dürfte in seiner Einschätzung richtig liegen. Denn seit geraumer Zeit denkt die Europäische Kommission darüber nach, wie man mit immer neuen Namen – Safe Assets, Green Bonds – die Emission von Anleihen, für die alle Länder des Euroblocks oder gar der EU haften, dem deutschen Publikum schmackhaft machen könnte. Auch Herr Regling, der Chef des europäischen Rettungsschirms ESM in Luxemburg, wurde nicht müde, Vorschläge zu unterbreiten, wie sein Fonds, der gegenwärtig nicht ausgelastet ist, als letzte Sicherung für den Bankenabwicklungsfonds dienen könne. Mehr noch: Seit Ausbrechen der Corona-Krise mahnt er – letztmalig bei der Sitzung der Eurogruppe – die Eurozonenländer, vorbeugende Kredite aus seinem Fonds endlich in Anspruch zu nehmen. Er sieht seine große Stunde gekommen, den ESM zu einem europäischen Schatzamt auszubauen. Bislang scheiterten seine Vorstöße daran, dass im ESM nur Eurozonenländer Mitglied sind. Nur sie haben Anspruch auf »Stabilitätshilfen«. Ihre Interessen sind sehr heterogen. Denn Länder wie Griechenland und die Niederlande sind mit völlig unterschiedlichen Intentionen Mitglied des ESM geworden.

Für den Großeinsatz des ESM in der Corona-Krise müsste zudem eine große formale Schwierigkeit überwunden werden: Ausleihungen sind nur an solche Euro-Länder zulässig, deren Finanzierungsprobleme – also der erschwerte Zugang zu den Kapitalmärkten – die Stabilität des *gesamten* Eurogebietes gefährden würden und ohne deren Unterstützung die Existenz des Eurogebietes in toto gefährdet wäre. Unstreitig ist auch, dass selbst vorbeugende Maßnahmen nur dann möglich sind, wenn sich das betroffene Land, also hier vor allem Italien, bereit erklärt, ein Sanierungsprogramm (die sogenannte Konditionalität) zu unterschreiben. Keines der gegenwärtig hoffnungsvoll auf den ESM schielenden Länder ist bereit, sich einer Konditionalität zu unterwerfen, deren Einhaltung von Europäischer Kommission und ESM wie einstmals bei Griechenland, Portugal, Irland und Spanien überwacht würde. Hinzu kommt, dass jedwede Auszahlung aus dem ESM das deutsche Vetorecht überwinden müsste, das heißt eine Zustimmung des deutschen Finanzministers erfordern würde. Zuvor wäre für jeden Einzelkredit ein zustimmendes Votum des Deutschen Bundestages erforderlich. Dies ist ungewiss, führt mit Sicherheit zu einer Kontroverse und würde den Deutschen einmal mehr vor Augen führen, welche ungeahnten Folgen ihr Ja-Wort zum ESM gezeitigt hat. Ferner bekommen es Italien, Frankreich & Co gegenwärtig von der EZB im Rahmen des PEPP günstiger geboten: Das Eurosystem kauft mehr denn je Staatsanleihen auf, verfälscht den Zinswettbewerb und macht so den ESM für die Refinanzierung ihrer Schulden überflüssig. Sogar Portugal kann auf Grund dieser Mega-Wettbewerbsverfälschung Anleihen mit negativen Zinsen begeben.[28] Italien zahlt für seine Anleihen geringere Zinsen als die USA!

---

28 Vgl. für die Rendite der portugiesischen Staatsanleihen: https://de.investing.com/rates-bonds/portugal-government-bonds (zuletzt abgerufen am 28.1.2021).

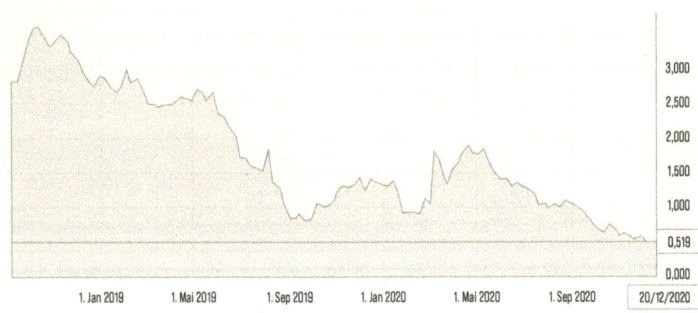

Entwicklung des Zinses für italienische Staatsanleihen mit einer Laufzeit von 10 Jahren[29]

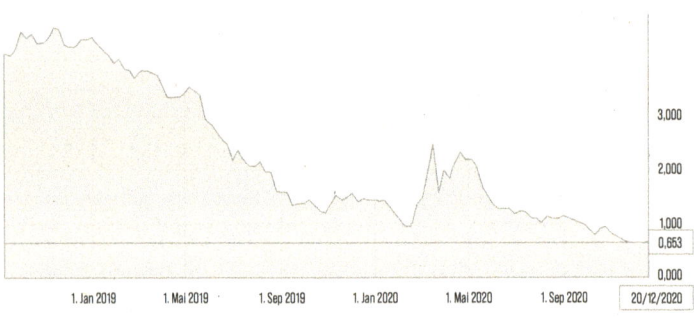

Entwicklung des Zinses für griechische Staatsanleihen mit einer Laufzeit von 10 Jahren[30]

---

29   Siehe https://de.investing.com/rates-bonds/italy-10-year-bond-yield (zuletzt abgerufen am 28.1.2021).

30   Siehe https://de.investing.com/rates-bonds/greece-10-year-bond-yield.

So entschied sich die EZB am 18.03.2020 zu einem 750 Milliarden Euro Anleihenkaufprogramm[31]. Dieses Pandemie-Notankaufprogramm wird nicht einmal mehr unter den geldpolitischen Maßnahmen auf der Webseite der EZB geführt, weil es erkenntlich nichts mit der Verteidigung der Preisstabilität zu tun hat. Bei dem mittlerweile auf 1,85 Billionen Euro erhöhten Staatsanleihenkaufprogramm spielt die Sorge um Italien die Hauptrolle. Es geht der EZB um die Bannung der Gefahr, dass durch die sprunghafte Verteuerung der italienischen Staatsanleihen das Land den Zugang zu den Kapitalmärkten verlieren würde. Die Folge wäre dramatisch: Seine Anleihen, deren Bonität zeitweise einbrach, dürften auch von den italienischen Banken nicht mehr *gekauft*, sondern müssten *verkauft* werden. Dies würde eine Kaskade von Zusammenbrüchen bei italienischen Finanzinstituten und in deren Folge des gesamten Landes mit sich bringen. Also sah sich die EZB berufen, gegen den Wortlaut des EZB-Mandats Euro- und Italienrettungspolitik zu betreiben.

Trotz dieser Ankaufvolumina wird es nicht ausreichen, den apokalyptischen Schock auf Angebots- und Nachfrageseite in vielen europäischen Ländern aufzufangen. Nur Volkswirtschaften wie die Niederlande und Deutschland haben finanzpolitische Spielräume, die es ihnen erlauben, ihre Unternehmen massiv zu stützen und die wegbrechende Binnennachfrage kurzfristig zu kompensieren. In dieser Situation melden sich Wissenschaftler – wenn auch in einer verwunderlichen Konstellation – zu Wort, die der gemeinschaftlichen Haftung aller Länder des Euroblocks – ja sogar der EU – offen das Wort re-

---

31 Beschluss des EZB-Rates vom 18.3.2020 über ein Pandemie-Notankaufprogramm, in Kraft getreten am 24.3.2020 (veröffentlicht am 25.3.2020 im Abl. EU L.91/1), verlängert und erweitert am 4.6.2020 sowie am 10.12.2020.

den. Eine Gruppe, angeführt vom Ex-Wirtschaftsweisen Peter Bofinger und dem Gewerkschaftsökonom Sebastian Dullien zusammen mit dem Österreicher Gabriel Felbermayer vom IfW sowie Michael Hüther, Direktor des Instituts der Deutschen Wirtschaft, fordert von der EU, Gemeinschaftsanleihen zu begeben.[32] Damit haben sie den intellektuellen Nährboden für die Schuldenunion gelegt.[33]

Es spricht für sich, wenn eine bislang politisch nicht gemeinsam auftretende Gruppe von Wissenschaftlern sich in einer dramatischen Situation aus Verantwortungsgefühl zu Wort meldet, um Vorschläge zu unterbreiten, die sowohl dem französischen Präsidenten als auch der italienischen Politik, aber besonders der EZB-Präsidentin und der Europäischen Kommission schon lange am Herzen liegen. Alle Vorgenannten predigen seit Jahren in immer neuen Facetten die Emission von Gemeinschaftsanleihen, genannt Eurobonds.

Indessen bleibt es wichtig, darauf hinzuweisen, dass wir mit dem Anleihenkaufprogramm der EZB diesen Gemeinschaftsanleihen ökonomisch gesehen – jedenfalls für den Euroblock – bereits sehr nahe gekommen sind. Umso wichtiger ist es, auf die eindeutig ablehnende Rechtsprechung des Bundesverfassungsgerichts zur Emission von EU-Gemeinschaftsanleihen hinzuweisen und diesen Hinweis mit der

---

32   Vgl. *FAZ* vom 21.3.2020, S. 20: »Europa muss jetzt finanziell zusammenstehen«.

33   Sie haben zumindest eingesehen, dass der Europäische Stabilitätsmechanismus ESM hierfür nicht geeignet ist. Der ESM könne lediglich bei der Umsetzung der Emission von Gemeinschaftsanleihen dienlich sein.

Frage nach der demokratischen Legitimität derartiger Kriseninstrumente zu verbinden.[34]

Mit ihrer mitternächtlichen Entscheidung, ein Pandemie-Notankaufprogramm aufzulegen, hat die EZB zunächst kurzfristig eine Beruhigung der Anleihenmärkte erreicht und den Aktienhändlern das Evangelium verkündet. Damit die Wirkungen kein Placebo blieben, wurde das Programm nicht nur quantitativ auf 1,85 Billionen Euro erhöht. Vielmehr wurden die Anforderungen an Pfänder der Banken für Zentralbankkredite entgegen den Vorschriften der EZB-Satzung (Art. 18 I Nr. 2 »ausreichende Sicherheit«) gesenkt.

Vorab ein Überblick:

- Die weitere Verwässerung der Kollateralbedingungen[35]: Diese sogenannte qualitative Lockerung bedeutet nicht nur ein großes Entgegenkommen gegenüber den Banken. Sie werden hierdurch befugt, Zentralbankgeld gegen Sicherheiten zu erhalten, die unterhalb der bisher geforderten Minimalbonität liegen. Da damit Banken gegebenenfalls auch Wertpapiere mit schlechter Bonität am Tresen des Eurosystems in einen Zentralbankkredit umzuwandeln vermögen, liegen die Risiken für die Finanzstabilität auf der Hand. Was passiert in den Bilanzen des Eurosystems, wenn seine Zentralbanken bei Forderungsausfällen gegenüber

---

34 Vgl. Bundesverfassungsgericht vom 7.11.2011: »Der Deutsche Bundestag darf seine Budgetverantwortung nicht durch unbestimmte haushaltspolitische Ermächtigungen auf andere Akteure übertragen. Insbesondere darf er sich, auch durch Gesetz, keinen finanzwirksamen Mechanismen ausliefern, die – sei es aufgrund ihrer Gesamtkonzeption, sei es aufgrund einer Gesamtwürdigung der Einzelmaßnahmen – zu nicht überschaubaren haushaltsbedeutsamen Belastungen ohne vorherige konstitutive Zustimmung führen können.«
35 So die Beschlüsse der EZB vom 7. und 22.4.2020.

Banken im großen Stil die Pfänder vollstrecken müssen, um dann wegen geringer Sicherheitsabschläge (Haircuts) oder mangels eines Marktes für Kreditforderungen in die Röhre zu gucken? Geht die EZB wie bereits in der ersten Eurokrise so weit, diese Kollateralanforderungen stark zu senken, so werden Risiken, die bisher in den Banken diversifiziert sind, in das Eurosystem verlagert und damit letztlich vergemeinschaftet.

- Dass sich aufgrund einer Pandemie das griechische Risiko so verbessert haben soll, um es nunmehr als beleihungswürdig im Rahmen der Repogeschäfte anzusehen und griechische Staatsanleihen nun im PEPP kaufgeeignet sind, bedarf einer Begründung, die die EZB bislang scheut. Dies ist nachvollziehbar: Der einzige Grund, auf die bisherigen Bonitätsanforderungen für griechische Staatsanleihen zu verzichten, besteht in der Furcht der EZB, dass Griechenland erneut vom Kapitalmarkt abgeschnitten werden könnte.

- Seit April 2020 sollen nun auch kurzfristige Finanzierungs-instrumente, wie *Commercial Paper* notenbankfähig sein. Dies deutet an, wohin die Reise gehen könne: Auch Geldmarktpapiere werden von der EZB als notenbankfähig und damit zur Refinanzierung zugelassen angesehen.

Mit ihrem Notankaufprogramm PEPP ist die EZB einen Schritt in Richtung »wir kaufen alles, was man uns anbietet« gegangen. Erst wenn sie diese »Logik« – die konträr zu den Forderungen in Art. 18 I Nr. 3 ihrer Satzung nach »ausreichenden Sicherheiten« steht – zu Ende gegangen sein wird, würden sich die Märkte nachhaltig beruhigen. Mit dem System unverfälschten Wettbewerbs, welches einst die Geschäftsgrundlage der Europäischen Verträge war, hat diese EZB-Politik nichts mehr zu tun. Abgesehen davon hat sie damit, wenn auch verschleiert, einen gewaltigen Schritt zur Gemeinschaftshaftung getan. Diese kommt durch die Hintertür, und zwar durch solche Anleihen, die mit der Corona-Krise vordergründig gerechtfertigt werden.

Diese Gemeinschaftshaftung soll nun mit akademischer Unterstützung der Herren Bofinger, Dullien, Hüther und Felbermayer in Gestalt des *EU Next Generation*-Projekts der EU-Kommission Realität werden. Glücklicherweise hat ihr Vorschlag nicht übersehen, dass der ESM für derartige Anleihen weder ein Mandat hat noch die Zustimmung der Parlamente in den Niederlanden und in der Bundesrepublik Deutschland bekommen würde. Wenn der ESM gleichwohl einen Arbeitsauftrag erhalten sollte, derartige Anleihen für die Europäische Union vorzubereiten, so dürften sich die Steuerzahler in der Europäischen Union keine Illusionen über die Wirkungen machen. Zum gegenwärtigen Zeitpunkt der durch staatliches Unterlassen ausgelösten Corona-Krise wären auch Gemeinschaftsanleihen kaum geeignet, die virusbedingte Lahmlegung der Volkswirtschaften zu beenden. Länder, die vom Virus besonders gebeutelt sind, hätten sich jederzeit auf Art. 122 AEUV berufen können, um aus dem gegenwärtigen Budget der EU jene Finanzmittel zu verlangen, die sie zur Überwindung der akuten Krisenfolgen benötigen.[36]

---

36 Indessen scheiterte die Lieferung von medizinischer Ausrüstung wie Atemschutzmasken und Beatmungsgeräten nicht etwa an finanziellen Mitteln, sondern an der industriellen Verfügbarkeit. Es sagt viel über den Zustand Europas aus, dass die wesentlichen Hilfslieferungen in das vom Virus gepeinigte Italien im Frühjahr 2020 aus der Volksrepublik China, Russland und sogar aus Kuba kamen.

Der Vorschlag der Wissenschaftler-Allianz war aber nicht nur juristisch ungeeignet, um mittels ESM-Anleihen die Folgen der Corona-Krise in den Griff zu bekommen. Er traf die Demokratie ins Mark: Mit der Begebung von Gemeinschaftsanleihen würde in den Mitgliedsländern der Europäischen Union die Fiskaldemokratie entleert. Die Europäische Union hat definitiv keine Anleihenkompetenz. Sie erhält lediglich Budgetzuweisungen von den Mitgliedsländern. Das jährliche europäische Budget mit circa 140 Milliarden Euro ist ausreichend dotiert, um Hilfszuweisungen für Länder wie Italien und Spanien, aber gegebenenfalls auch an andere Länder in die Wege zu leiten. Die Begebung einer Anleihe hätte nicht nur den Nachteil, sondern die fatale Wirkung, dass nunmehr nicht mehr die Mitgliedsländer über ihr Haushaltsgebaren – also Einnahmen und Ausgaben – abzustimmen hätten, sondern eine kleine, demokratisch nie gewählte Bürokratie in Brüssel darüber verfügen dürfte. Die Deutschen und die Niederländer könnten sich dann mitnichten dagegen wehren, für Schulden zu haften, über die sie nie zuvor entschieden haben. Kein Geringerer als Otmar Issing hat immer wieder vor dem Antagonismus von Eurobonds und Demokratie gewarnt.[37]

Mit ungläubigem Staunen kann man in der *Frankfurter Allgemeinen Zeitung* vom 02.05.2020 den gemeinsamen Appell der deutschen Bundeskanzlerin und des französischen Staatspräsidenten Macron sowie der Kommissionspräsidentin von der Leyen samt des »Präsidenten« des Europäischen Rates, Michel, nicht zu vergessen auch des italienischen Ministerpräsidenten, lesen, die Europäische Union müsse ein Vorreiter bei der Erfindung eines Impfstoffs gegen das Coro-

---

37 »Euro-Bonds sind der Tod der Währungsunion«, *WirtschaftsWoche*, 8.9.2011.

na-Virus sein. Nicht überraschend ist dabei der einleitende Hinweis auf Louis Pasteur, den großen französischen Forscher, der gewiss gerade jetzt für Frankreich, das so viel Chaos in seinem Gesundheitswesen erlebt, nützlich wäre. Es gibt Politiker, deren Kommunikationstalent so immens ist, dass sie selbst in Stunden größter Not in der Lage sind, aus hohen Opferzahlen Kraft für die eigene Selbsterhöhung zu ziehen und in unglaublicher Selbstbezogenheit die Menschheit mit ihren Ratschlägen zu belästigen. Dazu gehört Präsident Macron. Nicht einmal seine Covid-Erkrankung führte bei ihm zur Demut.

Es hätte nicht des gemeinsamen Aufrufes mit der Bundeskanzlerin und der Kommissionspräsidentin von französischen Gnaden bedurft, um die Kommunikationstalente der PR-Agentur namens Emmanuel Macron dem deutschen Publikum erneut vor Augen zu führen. Es scheint, als ob die Corona-Krise dem jungen Zyniker im Elysée-Palast ein hochwillkommener Anlass war, um seine Ratschläge der Global Community mitzuteilen.

In der *Financial Times*, jener Medien-Plattform, die sich als Propagandastaffel der EZB versteht, hatte Macron bereits im Gespräch mit der Herausgeberin, der Libanesin Roula Khalaf, Deutschland, ohne unser Land beim Namen zu nennen, zum Feind erklärt. Sie (die Deutschen) würden Europa bejahen, sofern es um den Markt gehe, aber nunmehr, wo es um Solidarität gehe, seien sie abwesend. So müsse man durch direkte Transfers der leidenden italienischen Bevölkerung der Lombardei helfen. Das, was in der Lombardei geschehe, gehe auch anderen Europäern so.

Dass die deutsche Luftwaffe zwischen der Lombardei und verschiedenen Krankenhäusern Deutschlands hin und her fliegt, um in Einzelfällen zu helfen, ist dem französischen Staatspräsidenten wahrscheinlich nicht geläufig. Dass eine lokale oder regionale Seuche nicht bekämpft wird, indem man die europäischen Schulden vergemeinschaftet, dürfte ihm jeder Ökonom erläutern können. Aber Macron in seinen inflatorischen Auftritten auf allen medialen Plattformen will vor allem eins in dieser Krise unterstreichen: Frankreich, die große Nation (weil sie Frankreich ist), hat auch und vielleicht sogar gerade dann, wenn es im eigenen Gesundheitssystem an allen Ecken und Kanten hapert, immer noch eine Botschaft an die Welt zu richten. Dies mögen manche deutsche Politiker als sympathisch-lächerlich ansehen. Es ist in der Machterhaltungsstrategie von Macron ein zynisches Kalkül. Er nutzt die Krise, um von der eigenen Misere und dem Popularitätsverlust, der ihn in breiten Schichten der französischen Bevölkerung getroffen hat, abzulenken.

Den Franzosen dämmert es: Dieser Mann überzeugt nicht durch Taten, sondern versucht durch autoritative Suggestion zu manipulieren. Nach drei Jahren im Amt ist die Bilanz höchst dürftig. Reförmchen auf dem Arbeitsmarkt und ein großer, gescheiterter Reformversuch bei der Alterssicherung durch Zentralisierung sowie die Abschaffung des völlig obsoleten Statuts der Eisenbahner bei der staatlichen Bahn markieren den windigen Weg des jungen Präsidenten. Zwischenzeitlich gab es bürgerkriegsähnliche Proteste gegen sein Regime, weil er meinte, seine klimapolitischen Ziele durch mehr Besteuerung der Geringverdiener durchsetzen zu können. Diese Revolte wurde mit generösen finanziellen Zusagen des französischen Staates erstickt. Das Ergebnis ist blamabel: Frankreichs Staatsschuld stieg auf mehr als 100 Prozent des BIP.[38] Dies ist der traurige Rekord eines ju-

---

38 Mittlerweile 114 Prozent des BIP.

gendlichen Präsidenten, der nicht aufhört, der Welt zu erklären, wie sie ist, und sie zu belehren, wie sie sein sollte.

Aus Schloss Meseberg, dem Gästehaus der Bundesregierung, werden Bilder der Harmonie über das persönliche Treffen nach dem ersten Lockdown zwischen Bundeskanzlerin Merkel und dem französischen Staatspräsidenten in die Welt gefunkt. Es soll einmal mehr bekundet werden, dass Deutschland und Frankreich im Gleichschritt zur Lösung der europäischen Probleme bereit seien. Der französische Staatspräsident hat gut lachen. Während ihm in Frankreich die letzten Reste seiner parteipolitischen Basis wegbrechen und der Vertrauensverlust in der Bevölkerung nach Gelbwestenkrise, Corona-Chaos und den katastrophalen Ergebnissen der Kommunalwahlen irreversibel erscheint, vermag der junge Mann mit dem schneidigen Auftritt zumindest den heimischen Fernsehzuschauern den Eindruck zu vermitteln, in Deutschland alles im Griff zu haben.

Es ist in der Tat wie ein Wunder: Obschon Frankreich wirtschafts- und finanzpolitisch noch nie so angeschlagen war, führt der Herr aus Paris die deutsche Politik, weil Merkel auf eine eigene Strategie verzichtete und sich Frankreich, dem Land mit dem angeborenen Führungsanspruch, untergeordnet hat.

Lange Zeit wiegte die Bundeskanzlerin die Deutschen in der Sicherheit, sich auf Gemeinschaftsschulden auf keinen Fall einlassen zu wollen. Diverse Vorschläge in diese Richtung waren immer wieder von den Pariser Machthabern im »europäischen Interesse« an die Bundesregierung adressiert worden. Einmal ging es darum, sogenannte »Eurobonds«, also gemeinsame Anleihen, für die Deutschland natürlich wichtiger wäre als Zypern und Griechenland, den Deutschen schmackhaft zu machen. Ein anderes Mal sollte ein sogenanntes »Safe Asset«[39] kreiert werden, um die Dominanz der Bundesanleihen auf dem Markt für Staatsanleihen zu beseitigen. Im Kern geht es immer um dasselbe französische Anliegen: Deutschland politisch an die Leine zu nehmen und finanziell dafür haften zu lassen.

So sieht also der französische Traum aus: Ein Deutschland, das sich politisch aufgibt und sich mit seinem Bruttosozialprodukt ganz und gar der europäischen Integration unter französischer Führung zur Verfügung stellt. Diesem Ziel ist Macron deshalb ein gutes Stück näher gekommen, weil die Kanzlerin eine ihrer vielen Volten geschlagen hat. Schon bei der Griechenlandhilfe wurde sie wider Erwarten auf einmal doch spendierfreudig, zeigte den Griechen gegenüber Engelsgeduld und den deutschen Interessen die kalte Schulter. Ähnlich ging es beim europäischen Rettungsfonds EFSF/ESM, den sie versprochen hatte, nach drei Jahren wieder aufzulösen. Nun steht er in Marmor gemeißelt in Luxemburg und sucht für sich neue Aufgaben als Europäisches Schatzamt. Ganz zu schweigen von der Europäischen Bankenunion, bei der Deutschland die Aufsicht über inländische Bankkreditinstitute aufgibt, aber für ausländische Kreditinstitute, die es nicht beaufsichtigen kann, im Rahmen des Abwicklungsfonds mithaftet.[40]

Mit dem »Wiederaufbaufonds« soll das Prinzip französischer Politik, in Europa politisch zu herrschen und dabei Deutschland finan-

---

39 Darunter versteht man ein Wertpapier der öffentlichen Hand, das von mehreren Staaten emittiert wird und zumindest dieselbe Bonität hat wie Bundesanleihen.

40 Vgl. vertiefend dazu Markus C. Kerber, Nach der Entscheidung: Die praktischen Perspektiven der Bankenunion und die Erwartung an den Gesetzgeber, in: *Zeitschrift für Wirtschafts- und Bankrecht, Wertpapiermitteilungen*, 2020, S. 859–865 sowie ders./Johann Heinrich von Stein, Finanzstabilität oder Bankenunion?, Marburg 2019.

ziell in Haftung zu nehmen, zur Vollendung gebracht werden. Der Preis, den Deutschland für diese neue Merkel-Volte zahlt, ist nicht nur finanziell hoch. Denn bei der 30 Jahre dauernden Rückführung einer Gemeinschaftsanleihe ab 2028 ist kaum damit zu rechnen, dass jedes der EU-Länder auf Dauer sein Scherflein entrichten wird. Vielmehr schreiben die Märkte ein solches Risiko nur dann quer, wenn die großen Länder – darunter natürlich Deutschland – ihre unbeschränkte Haftungsbereitschaft signalisieren.

Auch strategisch ist der von Merkel gewagte Schritt für die Phalanx deutscher Ordnungspolitik eine Katastrophe. Stand Deutschland bislang stets mit Schweden, Österreich, Dänemark, den Niederlanden in einer Reihe, um französische Umverteilungspläne, die imperial und im Namen Europas vorgetragen wurden, zu verhindern, so sind die sparsamen Vier nun auf sich allein gestellt. Doch könnte der Unmut über das deutsch-französische Kondominium, das eigentlich nichts anderes als eine kaschierte französische Hegemonie darstellt, nicht nur bei den sparsamen Vier politisch in Widerstand umschlagen. Auch Tschechien und die Slowakei, ganz zu schweigen von den baltischen Staaten, dürften dem kaschierten Anliegen der Europäischen Kommission, eine fiskalische Zentralgewalt zu Lasten der nationalen Demokratien zu erlangen, skeptisch bis ablehnend gegenüberstehen.

Erstaunlich ist indessen, dass das politische Establishment Deutschlands und Frankreichs sowie die sie tragenden Staatsmedien neben der Übertragung der Ferienbilder aus Meseberg kein kritisches Wort über den Antagonismus zwischen wachsender Brüsseler Fiskalzentralgewalt und nationalen Demokratien verlieren. Die »sparsamen Vier« werden wie Störenfriede behandelt, die den bereits eingeleiteten

Prozess der fiskalischen Zentralisierung nur zeitlich aufschieben und inhaltlich abmildern können.

Die deutsche Bundeskanzlerin wiederholt unablässig, dass es für Europa schädlich sei, wenn Deutschland und Frankreich uneinig sind. Die gegenwärtig praktizierte Einigkeit zwischen Paris und Berlin, der permanente Gleichschritt – um nicht zu sagen die Gleichschaltung der deutschen Politik nach französischen Maßgaben – ist langfristig gesehen aber die größte Bedrohung für einen pluralistischen Staatenbund, der vom Zusammengehörigkeitsgefühl der Völker lebt. Von einem Europa, das von Deutschland und Frankreich dominiert und in das Abenteuer einer 750 Milliarden Subsidienwirtschaft gestürzt wird, dürften sich die mittelgroßen Länder wie Österreich, Niederlande, Schweden, Dänemark, Tschechien, Slowakei und auch Portugal langfristig nicht angezogen fühlen. Aber es gibt in den gegenwärtigen Demokratien immer weniger Politiker, die das langfristige fiskalische Selbstbestimmungsrecht ihres Landes für wichtiger erachten als kurzfristige Transfer-Geschenke.

VERTRAUENSBRUCH OHNE SANKTIONEN: DIE MUTLOSIGKEIT DER DEUTSCHEN DEMOKRATIE GEGENÜBER IHREN FEINDEN

Das Versprechen der Währungsunion 1992

Als sich im Zuge der Deutschen Einheit der damalige Bundeskanzler Kohl anschickte, vor den Wünschen der französischen Politik, besonders seines Freundes François Mitterrand, zu kapitulieren und die Modalitäten einer D-Mark-Abschaffung zu Gunsten einer Europäischen Währungsunion der Öffentlichkeit schmackhaft machte, wurde allseits hoch und heilig versprochen: Wann immer es eine Währungsunion geben werde, so sollte die Stabilität der neuen Währung genauso solide sein wie die der D-Mark. Die neue Europäische Zentralbank würde in ihrem Status mit der Bundesbank vergleichbar sein und auf gar keinen Fall würde die Bundesrepublik Deutschland für die Schulden anderer Staaten aufkommen müssen. Der damalige Finanzminister Theo Waigel brüstete sich mit »stahlgehärteten Stabilitätspakten«, ausgehandelt von seinem Staatssekretär Dr. Stark, der fortan zu den glühendsten Verfechtern der Währungsunion wurde, um eine erstaunliche Karriere zu machen.[41] Auch die Deutsche Bundesbank bezeichnete die Währungsunion damals in einem offiziellen Gutachten – entgegen ihrer Überzeugung – als vertretbar.[42]

Da die Deutschen nicht bereit gewesen wären, für die Schulden anderer Mitgliedsländer aufzukommen, wurde im Maastricht-Vertrag ein sogenanntes Bail-out-Verbot aufgenommen (Art. 125 AE-UV). Hiermit sollte klargestellt werden, dass die Mitglieder der EWU für ihre Verbindlichkeiten selbst aufzukommen haben und weder die Europäische Union noch andere Mitgliedsländer hierfür haftbar gemacht werden können. Eine spezielle Vorschrift (Art. 123 AEUV) untersagte ferner, dass im neu geschaffenen System europäischer Zen-

---

41 Stark wurde sodann Mitglied des Vorstands der Bundesbank, gelangte aus dieser Position in das Direktorium der EZB und trat nach Durchführung des ersten Anleihenkaufprogramms (SMP) im Konflikt mit EZB-Präsident Trichet zurück.

42 Siehe Belege im Beschluss des Bundesverfassungsgerichts vom 31.3.1998 (2 BvR 1877/97 und 2 BvR 50/98), S. 11.

tralbanken die nationalen Zentralbanken oder die Europäische Zentralbank die Haushalte durch Zeichnung von staatlichen Schuldverschreibungen direkt finanzieren dürften.

Die Aussicht auf jahrelange Nullzinsen, Anleihenverkäufe mit dem gigantischen Volumen von mittlerweile mehr als 3 Billionen Euro[43] sowie das Reinvestment der Erträgnisse aus diesen Käufen ad infinitum und schließlich Negativzinsen für Staatsanleihen waren zu diesem Zeitpunkt völlig undenkbar.

Ebenso undenkbar wäre es gewesen, dass der Europäische Gerichtshof den Erwerb von negativ verzinslichen Staatsanleihen durch Zentralbanken des Eurosystems als noch vereinbar mit dem Verbot der monetären Staatsfinanzierung gem. Art. 123 AEUV beurteilt hätte. Denn zweifelsohne stellt die Entrichtung von Zinsen an emittierende Staaten durch eine nationale Zentralbank als Gläubiger monetäre Geldschöpfung dar und ist damit ein klarer Fall des Verbots monetärer Staatsfinanzierung gem. Art. 123 AEUV.

Die Konzentration der Geldpolitik auf die Garantie der Stabilität von Geld und Währung (Art. 88 GG) sowie die klare Ausrichtung auf Finanzstabilität sollten 1992 deutlich machen, dass es keinerlei Inflation geben werde und die Deutschen mit der neuen Währung keine Währungsreform zu befürchten hätten. Vielmehr solle auch in der Europäischen Währungsunion der Wettbewerb das entscheidende Element für das Handeln auf den Kapitalmärkten sein (Art. 119 AEUV). Diese Bekenntnisse, insbesondere das Bekenntnis zu einem

---

43 Die EZB hat sich zuletzt mit Beschluss vom 10.12.2020 ermächtigt, Anleihen mit einem Volumen von insgesamt 3,9 Billionen Euro bis Mitte 2021 in den Bestand des Eurosystems zu transferieren.

System unverfälschten Wettbewerbs, sind seitdem – im Fortsetzungszusammenhang – gebrochen worden.

Der Bruch des Versprechens und der Verlust des Vertrauens

Der Bruch der vorgenannten Versprechen ist entgegen der Beschönigungen in Frankreich weit mehr als ein kleines Vergehen. Er hat in der öffentlichen Wahrnehmung in Deutschland eine weit größere Wirkung als die legale oder illegale Anpassung der Währungsunion an die Realität. Vielmehr geht mit dem Bruch der Versprechen ein Vertrauensverlust einher, der die gesamte politische Elite der Bundesrepublik Deutschland trifft. Die rasante Entstehung einer Partei rechts von der Mitte, die in den Jahren der sogenannten Eurorettung an diesen Vertrauensverlust anknüpfte und sich seitdem unappetitlich radikalisierte, spricht eine deutliche Sprache.

Im Einzelnen gilt: Das Bail-out-Verbot ist praktisch aufgehoben worden. Zwar hat der Europäische Gerichtshof in seinem Pringle-Urteil die einzelnen Formen von Stabilitätshilfen für Krisenländer als vereinbar mit Art. 125 AEUV angesehen, und zwar mit der Begründung, diese Bonitätshilfen mögen die Länder in die Lage versetzen, die Stabilitätsziele ihrer Haushaltswirtschaft zu erfüllen. Doch zeigt gerade der Fall der griechischen Budgetpolitik zweifelsfrei, mit wie viel Zynismus die dortige Regierung die Gläubigerstaaten an der Nase herumgeführt hat: Zuerst wurden die privaten Gläubiger zur Kasse gebeten. Der Nominalwert ihrer Forderungen wurde unter Zustimmung des Europäischen Gerichtshofs für Menschenrechte und schließlich auch des Europäischen Gerichtshofs enteignend behandelt.[44] Sodann wurde der griechischen Regierung eine Zinssenkung und ein Tilgungsaufschub gewährt, der historisch ist. Erst 2032 soll überhaupt mit der Tilgung der Griechenland gewährten »Stabilitätshilfen« begonnen werden. Zu diesem Zeitpunkt werden diejenigen Politiker, die 2010 die Verträge mit Griechenland ausgehandelt haben, mit Sicherheit in Rente sein. Wie die griechische Vertragstreue zu beurteilen ist, mag daran deutlich werden, dass kurz nachdem der Tilgungsaufschub von der Gläubigergemeinschaft bewilligt worden ist, die gesamte griechische Klasse sich an Deutschland wandte, um – mit dem üblichen moralischen Druck – ein Thema zu aktualisieren, dass rechtlich bereits seit dem Friedensvertrag zwischen Deutschland und den Alliierten ad acta gelegt worden ist: die Zahlung von 200 Milliarden Euro Kriegsentschädigung aufgrund der deutschen Besatzung Griechenlands seit 1941.

An alledem ist besonders auffällig, dass die EZB bei ihren Forderungen gegenüber Griechenland bestens weggekommen ist. Durch die Bevorzugung der EZB – die eine Diskriminierung der übrigen Gläubiger darstellt – nahm sie mit ihren Forderungen gegenüber Griechenland am Schuldenschnitt nicht teil.

Die Erpressung Deutschlands

Dass die Deutschen sich hinsichtlich des Stabilitätsversprechens betrogen fühlen, lässt sich nachvollziehen. Zu offensichtlich sind die

---

44 Vgl. im Einzelnen Markus C. Kerber, Sargnägel auf dem Anlegerschutz?, in: *Zeitschrift für Wirtschafts- und Bankrecht, Wertpapiermitteilungen*, 2019, S. 1333–1336.

Vertragsbrüche der unterschiedlichsten Akteure in der EU-Kommission und in der EZB. Unübersehbar ist zudem die fehlende Bereitschaft der deutschen politischen Elite, Widerstand gegen die stückchenweise Revision des Maastricht-Vertrages und die Haftung Deutschlands im Rahmen der diversen »Euro-Rettungsfonds« zu leisten. Gerade deutsche Politiker beschwichtigen und zieren sich nicht mit Plakaten wie »Der stabile Euro sichert deutschen Wohlstand«[45], um die Bevölkerung zu desinformieren. Bedeutende Kreise der deutschen Wirtschaft halten am Euro nur deshalb fest, weil angesichts der Exportorientiertheit der Unternehmen eine unterbewertete Währung auf Auslandsmärkten Wettbewerbsvorteile mit sich bringt. Hinzu kommt der grassierende Opportunismus weiter Teile des deutschen Industrie-Establishment gegenüber der Merkel-Regierung.

Während sich also Deutschland in Wohlverhalten übt und hofft, den gegenwärtigen Zustand so lange wie möglich beibehalten zu können, wollen die nicht erklärten Feinde der deutschen Demokratie weit mehr: Im Namen Europas wird von so unterschiedlichen Personen wie Katarina Barley, der Vize-Präsidentin des Europäischen Parlaments, und dem CDU-Politiker Friedrich Merz eine europäische Arbeitslosenversicherung gefordert. Eine europäische Einlagensicherung wurde bereits ultimativ von EZB-Chef Draghi postuliert. Er hatte dafür gute Gründe. Schließlich wusste er stets genau um den Zustand der italienischen Banken Bescheid. Natürlich wird er von der EU-Kommission unterstützt. Die in dem deutschen Restrukturierungsfonds für marode Banken gesammelten Gelder werden mittlerweile an den europäischen Abwicklungsfonds (SRF) überwiesen.

---

45   So der Wortlaut eines CDU-Wahlplakats bei der Bundestagswahl 2017.

Wenn die darin bis 2024 versammelten 60 Milliarden Euro für Bankensanierungen nicht ausreichen sollten, soll nach den Plänen der EU-Kommission der ESM für die Letztsicherung einspringen.[46] Währenddessen arbeitet die Europäische Kommission mit Hochdruck daran, mit Hilfe des Fachpersonals aus dem ESM ihre Haushaltsabteilung zu einem Schatzamt umzubauen. Damit wäre der Nukleus eines europäischen Finanzministeriums entstanden.

In Italien wurden zwischenzeitlich alle Schamgrenzen überschritten. Der Europaminister der Salvini-Regierung, Professor Savona, fordert nicht nur sogenannte »Safe-Bonds«, um die Anleihen des Bundes zu ersetzen, sondern postuliert auch ganz ungeniert die monetäre Staatsfinanzierung, das heißt die Finanzierung italienischer Schulden durch die Banca d'Italia. Auch bei der Refinanzierung der notleidenden Forderungen italienischer Banken greift man ins Eingemachte. Banca d'Italia und EZB sollen die verbrieften Forderungen zum Nominalwert aufkaufen oder sie zumindest im Rahmen ihrer Repo-Politik refinanzieren.[47]

In Frankreich gibt es die fast traditionellen Forderungen nach einem besonderen Euro-Budget für die Länder der Eurozone sowie nach Eurobonds und dem Ausbau des europäischen Stabilisierungsmechanismus zu einem europäischen Schatzamt. Nachdem die deutsche Bundeskanzlerin in Meseburg ihr Ja-Wort zu einem kleinen

---

46 Hierzu kritisch: Moritz Alexander Erkel, *Die Letztsicherung der europäischen Bankenabwicklung durch den ESM*, Diss., Marburg 2020.

47 Dann könnten die italienischen Banken ihre zweifelhaften Kreditforderungen dem Eurosystem als Pfand gegen frisches Zentralbankgeld anbieten. Vgl. im Einzelnen Markus C. Kerber, Die Draghi-Krise, München 2018.

zweistelligen Betrag erteilt hatte, konnte Frankreich siegessicher verkünden, der Einstieg sei geschafft.

Nach alledem bewegt sich die EU ordnungspolitisch in Richtung AOK: Ehemals mitgliedstaatliche Risiken sollen systematisch vergemeinschaftet werden. Ferner nimmt der Wille zu, die europäischen Märkte nicht zu öffnen, sondern sie gegenüber dem Wettbewerb von außen abzuschirmen.

Die unterschiedlichsten Forderungen nach einer Weiterentwicklung der EU sind weder mit den Verträgen vereinbar, noch kommt ihnen Legitimität zu. Sie sind vielmehr die Manifestation des ungebrochenen französischen Willens, das eigene Politikversagen bei der Reform Frankreichs, insbesondere bei der Neuordnung der öffentlichen Finanzen, zu camouflieren und Deutschland hierfür zahlen zu lassen. Der Wunsch, Deutschland möge alles bezahlen, hat Tradition bei einer Pariser Elite, die nicht mehr offen zugibt, was Clémenceau als Slogan im Ersten Weltkrieg verkündete: »*Le Boche paie tout*«.[48]

Für die Herleitung dieser Forderungen wird immer stärker auf das Argument rekurriert, entweder sei Deutschland bereit, sich dieser Weiterentwicklung der europäischen Währungszone zu stellen, oder es sei mitverantwortlich für deren Kollaps. Schon Draghi sprach wiederholt von der »deutschen Angst« und meinte, dies sei ein Zitat, mit dem man wuchern könnte. In Frankreich ist die subtile Erpressung Deutschlands zum strategischen Konzept geworden. Man kann dieses Konzept in der Formel zusammenfassen: »Wenn Deutschland nicht die französischen Erwartungen erfüllt, erfolgt der Zusammenbruch

---

48 An Stelle von »le boche« ist immerhin der Name unseres Landes getreten. So heißt es jetzt »L'Allemagne paiera.«

des Eurosystems. Dies bringt für Deutschland erhebliche ökonomische Schäden mit sich und schafft ferner das Problem, seine ohnehin andauernde moralische Schuld noch einmal tilgen zu müssen.« Die moralische Erpressung ist die perfideste Form der Missachtung der deutschen Souveränität und dies von einem Land, das – wie Frankreich – sich selbst für souveräner als alle anderen Länder Europas hält.

Was tun die Deutschen?

Schaut man auf die gegenwärtigen Vorstellungen der Parteien, wie es mit der europäischen Integration weitergehen soll, so stößt man bei Grünen, SPD und CDU/CSU sowie Teilen der FDP unisono auf »Europabesoffenheit«. Es scheint diesen Partei-Formationen nicht darum zu gehen, die europäische Integration zu problematisieren oder gar die Frage aufzuwerfen, aus welchem Interesse Deutschland sich für Europa einsetzen solle oder gar müsse. Vielmehr konkurrieren die tradierten Formationen untereinander mit ihren bekannten Fanfarenstößen für »Mehr Europa«. Was die politischen Eliten, die die europäische Integration für die *raison d'être* Deutschlands halten, dem deutschen Publikum an Argumenten hierfür bieten, kommt der Religion nahe und hat mit Patriotismus, namentlich Verfassungspatriotismus, nichts zu tun. Statt das Selbstermächtigungsregime in Brüssel nüchtern als solches zu sehen und seine inflatorischen Postulate nach (noch) mehr Europa als verklausulierten, aber unbedingten Willen zur zentralstaatlichen Diktatur zu erkennen, versuchen sich alle deutschen Europapolitiker dabei zu übertreffen, die EU als das verheißene Land zu loben, in dem Deutschland aufgehen müsse. Dabei liegen die Symptome des institutionellen Verfalls in Brüssel auf der Hand. Das Gewaltenkonglomerat einer winzigen, gar nicht mal elitären Gruppe von Europäisten putscht permanent gegen die nationalen Demokratien. Die scharfsinnigen Beobachtungen von Jacques Lovergne zur Brüsseler Misswirtschaft mögen bitte von der deutschen Politik zur Kenntnis genommen werden.[49]

Lovergne schreibt unter dem Pseudonym Didier Modi:

> »Mein Ehrgeiz ist kein geringerer, als den Leser an einer anderen Auffassung der europäischen Realität teilhaben zu lassen, und zwar indem ich das interne Getriebe von Brüssel beschreibe, die versteckten Zuständigkeiten, welche die Handlungen der unterschiedlichen Schauspieler in diesem tragikomischen Stück, das sich europäische Konstruktion nennt, enthülle. Ich maße mir nicht an, bei dieser Beschreibung Objektivität anzulegen. Noch weniger habe ich das Ziel, Sie davon zu überzeugen, irgendeiner Ersatzideologie für Europa anzuhängen. Denn ich buhle nicht um Ihre Stimmen und ich giere genauso wenig nach einer medialen Plattform oder einer besonderen Bühne. Nein, ich bin ganz einfach verbittert und möchte Ihnen meinen Zorn in einer Weise vortragen, von der ich hoffe, dass das Vorgetragene mangels Unterhaltsamkeit zumindest sarkastisch ist. Denn leider ist die von mir beschriebene Realität nicht gerade lustig.«

---

49   Didier Modi (Pseudonym), *Der europäische Albtraum. Ein Projekt wird seziert*, Berlin (Ed. Europolis) 2017.

Politik und Medien in Deutschland schirmen die deutsche Öffentlichkeit vor dem Gebaren des Brüsseler Gewaltenkonglomerats ab. Sie plädieren mit einer Mischung aus Bequemlichkeit und Dummheit für ein »weiter so!«. Dabei mag bei den Grünen der Wunsch die Überhand gewonnen haben, Deutschland möge in Europa endgültig aufgehen, also als Nationalstaat und Demokratie verschwinden. Diese deutschlandpolitische Konzeption abstrahiert indessen vom ungebrochenen Machtwillen der französischen Eliten und dem hartnäckigen deutschen Widerstand einzelner deutscher Patrioten, eben nicht in Europa aufgehen zu wollen.

Die Kommissionspräsidentin von der Leyen treibt es auf die Spitze. Sie erwägt ernsthaft, gegen Deutschland wegen eines Urteils des Bundesverfassungsgerichts ein Vertragsverletzungsverfahren einzuleiten.[50] Dies darf getrost als eine Form diskreter Kollaboration bewertet werden. Besonders dumm stellt sich die AfD an. Sie koaliert im Europäischen Parlament mit dem italienischen Rechtspopulisten Salvini und der französischen Rechtsextremen Le Pen, die es wagen, offen Deutschland für die Entwicklung in Europa verantwortlich zu machen oder sogar gegen Deutschland zu hetzen.

---

50   Von der Leyen hatte sich bereits in der Vergangenheit als Instrument der Pariser Politik bewährt: https://www.tichyseinblick.de/meinungen/die-frankophile/ (zuletzt abgerufen am 28.1.2021); vgl. zur Erwägung eines Vertragsverletzungsverfahrens gegen Deutschland durch die Kommissionspräsidentin die SZ vom 9.5.2020: https://www.sueddeutsche.de/politik/ezb-bundesverfassungsgericht-von-der-leyen-giegold-1.4902673 (zuletzt abgerufen am 28.1.2021).

MACRONS UND MERKELS »WIEDERAUFBAUFONDS«: DIE EU ENDGÜLTIG AUF DEM WEG ZUR SCHULDENUNION

Der Auftritt am Abend des 18.05.2020 im Rahmen einer Telefon-konferenz sollte das Verbindende zwischen Deutschland und Frank-reich unterstreichen. Die Verkündung der Großtat – der Einstieg in Gemeinschaftsschulden der Europäischen Union – brachte die Kanz-lerin aber in doppelte Erklärungsnot. Zum einen, weil sie zuvor stets Gemeinschaftsschulden – in welcher Form auch immer – abgelehnt hatte, und zum anderen, weil offensichtlich die gemeinsame Erklä-rung Präsident Macron zum strahlenden Sieger eines Duells erklärt hatte, das von deutscher Seite nie als Duell, sondern als ein schritt-weises Zurückweichen vor französischen Positionen betrieben wur-de. Wie die Kanzlerin in ihrem letzten Regierungsjahr der deutschen Öffentlichkeit – einschließlich den Eurobonds-Gegnern in der eige-nen Partei – erklären will, dass dieses Diktat Frankreichs im deut-schen Interesse liege, wird sich noch zeigen. Jedenfalls ist die deutsche Kanzlerin aufgrund ihres Diktums: »Wenn der Euro scheitert, schei-tert Europa«, Gefangene ihrer eigenen Fehlprognose. Wohl wissend, dass infolge der Corona-Krise die Eurozone an den südlichen Rän-dern zerbröckeln könnte und eventuell die gesamte EU ins Wanken kommt, greift sie noch einmal zu jenem Mittel, das sich seit Jahren bei ihrer persönlichen Machterhaltung bewährt hat: dem deutschen Scheck.

Alles war seit Wochen bis ins Kleinste vorbereitet worden. Dabei stand auf beiden Seiten fest, dass man den Schritt zu gemeinsamen

EU-Schulden wagen wolle und müsse, um der Erpressung der Süd-länder – angeführt von Frankreich, das sich hinter den italo-spanischen Notschreien versteckt – »auf europäische Weise« nachzugeben.

Das Problem war nur: Wie sag' ich's meinem Kinde? Die deutsche Öffentlichkeit nahm das PEPP-Programm der EZB bereits als Eurobonds durch die Hintertür wahr. Auch Kredite des ESM ohne die rechtlich unverzichtbare Konditionalität wurden kritisch beäugt. Genauso wurde das »europäische Kurzarbeitergeld« – das Deutschland überhaupt nicht braucht, das aber von Deutschland mitfinanziert wird – in unserem Land einer geharnischten Kritik unterzogen. Nunmehr soll wegen der wirtschaftlichen Folgen einer mittelschweren Pandemie vor denjenigen kapituliert werden, die – wie die EU-Kommission – immer schon davon geträumt haben, mit einem großen Sack voll Geld die Mitgliedsländer ködern und disziplinieren zu können. Das wäre der EU-Kommission, sollte der »Wiederaufbaufonds« Wirklichkeit werden, wahrhaft gelungen. Sie würde danach schlagartig über 750 Milliarden Euro verfügen und unkontrolliert festlegen können, in welchem Land und welcher Region »Corona-Schäden« zu reparieren sind, um der jeweiligen Gebietskörperschaft Zuschüsse zukommen zu lassen. Auf diese Weise kann die Europäische Kommission auf Jahre hinaus ein Wohlverhalten ihr gegenüber erzwingen, das jede Kritik an ihrem Finanzgebaren im Keim erstickt.

DIE FINANZIERUNG DES
EU »NEXT GENERATION FONDS«

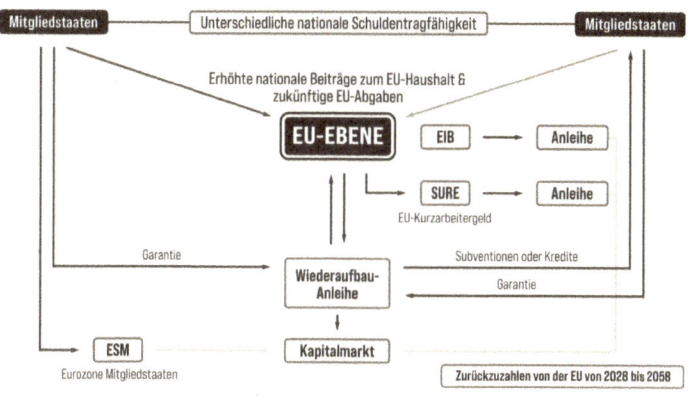

© Europolis e.V.

Die rechtliche Konstruktion ist nicht – wie selbst einige etablierte Medien schrieben – problematisch. Ja mehr noch: es gibt vielmehr für Gemeinschaftsanleihen dieser Dimension keine Rechtsgrundlage. Art. 311 AEUV stellt klar, dass die EU sich ausschließlich aus Eigenmitteln finanziert. Diese werden ihr durch die Mitgliedstaaten zugewiesen. Sie kann auch nicht in Notlagen – noch dazu in dieser Größenordnung – an den Kapitalmarkt gehen. Zwar hat es bereits in der Vergangenheit Gemeinschaftsanleihen kleineren Umfangs gegeben. In der Ölkrise 1973 erhielten die hiervon besonders betroffenen Länder einen Zahlungsbilanzkredit, der durch eine Gemeinschaftsanleihe refinanziert wurde. Auch Italien 1974, Irland 1976, Frankreich 1983 und Griechenland 1985 sowie Portugal 1986 profitierten von sogenannten Community Loan Mechanisms. Deren Volumina waren überschaubar. Dies hielt die Kontroverse über die fragwürdige Rechtsgrundlage in Grenzen. Nach Einführung der Eurozone wurden Zahlungsbilanzhilfen nur noch für Nichtmitglieder der Währungsunion zugelassen. Derartige Hilfen schieden für Mitglieder der Währungsunion wegen des Bail-out-Verbots in Art. 125 AEUV per se aus.

Gemeinschaftsschulden für Geschenke?
Antworten auf drängende juristische Fragen

Das Mega-Anleihenprogramm der Europäischen Union mit dem verführerischen Namen »Next Generation EU« in Höhe von 750 Milliarden Euro ist finanzwirtschaftlich verwunderlich. Es sprengt alle Maßstäbe finanzpolitischer Vernunft. Denn mehr als die Hälfte der an den Märkten geliehenen Summe soll an bestimmte »bedürftige« Mitgliedstaaten verschenkt werden. Mehr noch: Bei näherer Betrachtung lässt die rechtliche Konstruktion Zweifel daran aufkommen, ob die Europäische Union sich noch als eine Rechtsgemeinschaft versteht.

Die Finanzierung der EU beruht seit jeher auf Eigenmitteln. Art. 311 AEUV stellt dies nicht nur wortlautmäßig klar. Die bisherige Praxis der EU-Finanzierung lässt keinen Zweifel daran, dass die in Art. 311 AEUV beschriebene Finanzierungsmodalität eine Aufforderung an die Mitgliedstaaten enthält, der EU die erforderlichen Mittel aus ihren Ressourcen zur Verfügung zu stellen. Art. 311 Abs. 1 Satz 2 lautet: »Der Haushalt wird unbeschadet der sonstigen Einnahmen vollständig aus Eigenmitteln finanziert.«

Es besteht keinerlei Zweifel darüber, was unter Eigenmitteln zu verstehen ist. Diese umfassen Zölle, Agrarzölle, Mehrwertsteuer, Eigenmittel und BNE-Eigenmittel. Die in Art. 311 AEUV erwähnten »sonstigen Einnahmen« sind marginale Einkünfte aus Steuern, die die EU-Bediensteten auf ihre Gehälter entrichten, sowie Beiträge von Nicht-EU-Staaten zu bestimmten EU-Programmen und Geldbußen, die im Rahmen kartellrechtlicher Verfahren oder anderer Verfahren von Unternehmen an die EU gezahlt werden.

Die Ermächtigung in Art. 311 Abs. 2 Satz 2 AEUV zur Einführung neuer Kategorien von Eigenmitteln betrifft demgemäß begrifflich nur solche Einnahmen, die als Eigenmittel im Sinne der oben genannten Definition aufgeführt sind. Mitnichten kann hieraus die diskretionäre Befugnis der Europäischen Union entnommen werden, in ihrem Namen und gegebenenfalls nicht nur für ihre Rechnung, sondern für die Rechnung auch ihrer Mitgliedstaaten Anleihen an den internationalen Kapitalmärkten zu emittieren. Die Tatsache, dass die Europäische Union in der Vergangenheit bereits Gemeinschaftsanleihen emittiert hat, steht diesem Grundsatz der Finanzierung durch Eigenmittel – im Gegensatz zu Fremdmitteln – nicht entgegen. Die erste Gemeinschaftsanleihe 1976 zugunsten Italiens und Irlands wurde vor dem Hintergrund der Ölkrise emittiert, um – entsprechend der vertraglichen Verpflichtungen – diesen betroffenen Ländern dabei behilflich zu sein, ihre Zahlungsbilanzdefizite auszugleichen. Gleiches galt für die in den 1980er- und 1990er-Jahren folgenden Anleihen zugunsten von Frankreich, Griechenland und Portugal. Es handelt sich in toto um Anleihen von einem sehr begrenzten Umfang, die in der Pflicht zum gegenseitigen Beistand bei Zahlungsbilanzdefiziten gem. Art. 143 Abs. 2 AEUV angelegt sind.

Bei dem im Rahmen der Finanzkrise ab 2008 konstituierten European Financial Stabilisation Mechanism (EFSM) begab die Europäische Union zur Refinanzierung insgesamt Anleihen in einem Volumen von circa 60 Milliarden Euro und berief sich hierzu auf die Ermächtigungsgrundlage des Art. 122 AEUV. Die Frage, ob Art. 122 AEUV eine taugliche Grundlage für die Begebung von Gemeinschaftsanleihen war, ist im Tumult der Finanzkrise nie geklärt worden. Daher ist der von unkundiger Seite erzeugte Eindruck, Gemeinschaftsanleihen gehörten zur Praxis der Europäischen Union, schlichtweg unzutreffend.

Genauso wenig überzeugend sind die von der Europäischen Union – sogar vom Juristischen Dienst des Europäischen Rates – herangezogenen Vorschriften des Art. 310 Abs. 4 sowie Art. 323 AEUV. Diese Vorschriften ermahnen als haushaltsrechtliches EU-Binnenrecht zum strikten Haushaltsausgleich. Genauso könnte man sagen: Sie limitieren die Ausgabenbefugnis der Europäischen Kommission als Sachwalterin der EU nach Maßgabe der vorhandenen Mittel. Welche Mittel die Mitgliedstaaten der EU zur Verfügung stellen, bestimmen ausschließlich die Staaten. Die Eigenmittelvorschriften enthalten keine Ermächtigung für die Schaffung neuer Einnahmequellen, insbesondere nicht durch Fremdmittel in Gestalt der Begebung von Anleihen auf den internationalen Kapitalmärkten. Eine andere Interpretation der in Anspruch genommenen Ermächtigungsgrundlagen würde diametral der verbindlichen Auslegung durch das BVerfG widersprechen. In seinem Lissabon-Urteil vom 30. Juni 2009 hatte der Zweite Senat klargestellt, dass der Art. 311 AEUV die Union nicht ermächtige, sich eigene Finanzmittel zu beschaffen:

>>Die Europäische Union stattet sich nach Art. 311 Abs. 2 AEUV mit den erforderlichen Mitteln aus, um ihre Ziele erreichen und ihre Politik durchführen zu können. Die Vorschrift ist identisch mit Art. 6 Abs. 4 EUV, der durch den Vertrag von Maastricht und der Bezeichnung Art. F Abs. 3 in das Primärrecht eingeführt worden war. Das Bundesverfassungsgericht ist in seiner Entscheidung zum Vertrag von Maastricht nach umfassender Auslegung der Entstehungsgeschichte der Vorschrift zu dem Ergebnis gekommen, dass Art. F Abs. 3 EUV die Europäische Union nicht ermächtigt, sich aus eigener Macht die Finanzmittel und sonstige Handlungsmittel zu verschaffen, die sie zur Erfüllung ihrer Zwecke für erforderlich erachte (BVerfGE 89, 155 (194 ff.)) …<<

Nur nach Maßgabe dieser, sehr restriktiven, Auslegung durch das Urteil des BVerfG vom 30.09.2009 darf Art. 311 AEUV von deutschen Verfassungsorganen befolgt werden.

Die Berufung der Europäischen Kommission auf die Befugnis der EU, neue Kategorien von Eigenmitteln einzuführen, ist also nicht nur ein semantischer Zirkelschluss, der dem limitativen Wortlaut *Eigenmittel* widerspricht, sondern will auch die Rechtsprechung des Bundesverfassungsgerichts nicht zur Kenntnis nehmen.

Die deutschen Verfassungsorgane, Bundesregierung und Bundestag, sollten sich befleißigen, die Rechtsprechung des BVerfG zur Kenntnis zu nehmen. Sie entfaltet gem. § 31 BVerfGG Bindungswirkung. Daher sei noch einmal auf die klärende Interpretation im Lissabon-Urteil des BVerfG zu Art. 311 AEUV hingewiesen:

»Art. 311 Abs. 1 AEUV ist auch weiterhin als eine politisch-programmatische Absichtserklärung zu verstehen, die keine Zuständigkeit der Europäischen Union – und damit erst recht keine Kompetenz-Kompetenz derselben – begründet (vgl. BVerfGE 89, 155, 194). Die Ausstattung der Europäischen Union mit den zur Erreichung ihrer Ziele und zur Durchführung ihrer Politik erforderlichen Mittel muss im Rahmen der vorhandenen Zuständigkeiten erfolgen. Die durch den Vertrag von Lissabon begründete neue Systematik der Vorschrift bestätigt die Auslegung, dass sich die Vorschrift nur auf finanzielle Mittel der Europäischen Union, nicht aber zusätzlich auf die Handlungsmittel bezieht.«

Aus diesen Erwägungen sind die juristischen Stellungnahmen in der Anhörung im Deutschen Bundestag zur Änderung des EU-Eigenmittelbeschlusses vom 26. Oktober 2020 irrelevant. Einfacher formuliert: Sie setzen sämtlich bei der Frage an, ob es sich bei dem Eigenmittelbeschluss vom 28.5.2020 um eine Änderung der vertraglichen Grundlagen der EU oder vergleichbarer Regelungen handelt, um dann das Problem zu lösen, ob hierfür entsprechend Art. 23 Abs. 1 Satz 3 eine einfache oder eine Zwei-Drittel-Mehrheit bei der Beschlussfassung erforderlich wäre. Die juristischen Stellungnahmen der zuständigen Gutachter übersehen das Haftungspotential für den Bundeshaushalt. In dem hinzugefügten Art. 6 Abs. 4 des Beschlusses des Rates über ein revidiertes Eigenmittelsystem der Europäischen Union heißt es:

»Reichen die bewilligten, im Haushaltsplan veranschlagten Mittel nicht aus, damit die Union ihren Verpflichtungen aus der im Art. 3 b genannten Mittelaufnahme nachkommen kann, so stellen die Mitgliedstaaten der Kommission die hierfür erforderlichen Mittel bereit.«

Damit kann der Bundeshaushalt aus Umständen in Anspruch genommen werden, die sich der Steuerung durch die Bundesregierung – und insbesondere durch den Bundestag – vollständig entziehen. Dies hängt damit zusammen, dass einzelne Mitgliedstaaten aufgrund ihrer fragilen finanzwirtschaftlichen Situation – wie schon in der Vergangenheit mehrmals der Fall (Griechenland, Zypern, Irland, Portugal, Spanien, Italien) – nicht oder nur mit finanzieller Unterstützung der Union in der Lage waren, auf den Kapitalmärkten ihre Schulden zu refinanzieren.

Damit ist nicht nur die haushaltspolitische Gesamtverantwortlichkeit des Bundestages tangiert, sondern der Rubikon der verfassungsgerichtlichen Toleranz gegenüber Gemeinschaftsschulden überschritten. Hatte doch das BVerfG in mehreren Entscheidungen – insbesondere aber auch in der Entscheidung zum EFSF – deutlich gemacht, dass die Bundesrepublik Deutschland unter keinen Umständen Verbindlichkeiten eingehen oder an Beschlüssen mitwirken dürfe, mit denen unabsehbare Haftungsrisiken, die sich ihrer Steuerung entziehen, eingegangen würden. So hatte das BVerfG in unterschiedlichen Kontexten klargestellt, dass die rückwirkende oder unabsehbare Haftung der Bundesrepublik Deutschland – ohne Steuerungsmöglichkeiten durch Bundesregierung und Bundestag – die vom Zweiten Senat entwickelte Doktrin zum Schutz des Kernbereichs der haushaltspolitischen Gesamtverantwortung des Deutschen Bundestags in einer Weise berühren würde, dass sie mit Art. 79 Abs. 3 GG unvereinbar wäre.

Die Änderung des Eigenmittelbeschlusses in Verbindung mit der Aufnahme von insgesamt 750 Milliarden Euro Fremdmitteln an Kapitalmärkten im Namen der Europäischen Union begründet Haftungsrisiken, die aus den oben genannten Gründen weder absehbar noch von Bundesregierung oder Bundestag steuerbar sind. Damit ist die äußerste Grenze der grundgesetzlichen Belastbarkeit integrationsfördernder Beschlüsse des Deutschen Bundestages erreicht. Der Bundestag darf also wegen der Verletzung von Art. 79 Abs. 3 GG dem geänderten Eigenmittelbeschluss der Europäischen Union in Verbindung mit der Ermächtigung zur Begebung von insgesamt 750 Milliarden Euro Fremdmitteln gar nicht zustimmen. Die Rolle des Bundestages als zentraler Gestalter der Haushaltspolitik wäre damit kompromittiert. Da seine Rolle als zentraler Gestalter der Haushaltspolitik Teil-, wenn nicht die wesentliche Komponente des Demokratieprinzips ist, könnte er hierüber auch nicht im Rahmen einer Zustimmungsgesetzgebung nach Art. 23 Abs. 1 Satz 3 GG verfügen. Wie heißt es im Lissabon-Urteil: »Das demokratische Prinzip ist nicht abwägungsfähig; es ist unantastbar.«

Schließlich vergrößert sich das Haftungsrisiko für Deutschland, weil ausweislich des Gutachtens von Prof. Friedrich Heinemann in der Anhörung zum Eigenmittelbeschluss vom 26.10.2020 im Deutschen Bundestag der Eigenmittelbeschluss in seiner revidierten Form zu einer Überdeckung führt, die der Europäischen Union viel mehr Mittel an die Hand gibt, als zur Rückzahlung der Next-Generation-EU-Anleihe erforderlich ist. Heinemann beziffert das Haftungsrisiko für den Bundeshaushalt mit 770 Milliarden Euro und empfiehlt, eine Korrektur desselben beziehungsweise die Ratifizierung des Eigenmittelbeschlusses einher mit einer Protokollnotiz vorzunehmen.

Diese quantifizierten Haftungsrisiken, so wie sie durch Prof. Heinemann, einem unerschütterlichen Befürworter der EU-Integration, dem Deutschen Bundestag vorgestellt worden sind, dürften letzte Zweifel daran beseitigen, dass es sich bei dem Projekt des Eigenmittelbeschlusses in Verbindung mit der Next-Generation-EU-Anleihe um einen besonders krassen Ultra-vires-Akt handelt. Verwunderlich ist nur, dass sich der Deutsche Bundestag und – für ihn stellvertretend – der Ausschuss für Angelegenheiten der Europäischen Union nach Anhörung der unterschiedlichen Sachverständigen so positiv äußert. So gab der Pressedienst des Deutschen Bundestags am 27.10.2020 eine Erklärung mit der Überschrift »Positives Echo für Eigenmittelbeschluss der Europäischen Kommission« heraus, obschon Prof. Heinemann und Prof. Meyer (Hamburg) auf die finanzwirtschaftlichen Inkongruenzen und Haftungspotentiale hingewiesen hatten. In dieser Pressemitteilung kommen überproportional die Meinungsäußerungen der Vertreterin des Deutschen Gewerkschaftsbundes und des Vertreters der Europäischen Kommission zum Ausdruck. Ebenso wird die Meinung des stellvertretenden Direktors des Jacques Delors Centers an der Berliner Hertie School of Governance, einem der wesentlichen Vektoren des EU-Einflusses in der deutschen Hauptstadt, erwähnt.

———— ～ ————

Jacques Attali, Pariser Vordenker und ehemaliger Berater von Mitterrand, hat sich nie gescheut, seinen Deutschlandhass öffentlich zu machen. Er riet allen französischen Regierungen, Deutschland dazu zu zwingen, gemeinsame Schulden der EU zu akzeptieren. Das Ziel dieses Unterfangens sei nicht nur, die Verschuldungskapazität der EU in eine neue Dimension zu bringen, sondern ein für alle Mal Deutschland an eine französisch dominierte EU zu fesseln. Klug – um nicht zu sagen hinterlistig – wie Attali ist, hatte er erkannt, dass sich Deutschland damit der wesentlichen Option, die gerade nach dem Lissabon-Vertrag allen Mitgliedsländern zusteht, faktisch begeben würde: der Möglichkeit, aus der EU auszutreten.[51] Die Entscheidung des Vereinigten Königreichs, die Europäische Union zu verlassen, hat der Brüsseler Bürokratie vor Augen geführt, was passiert, wenn – zu Recht oder zu Unrecht – ein Volk der Meinung ist, dass es die Kontrolle über sein eigenes Schicksal verloren hat.

Wenn indessen durch einen »Wiederaufbaufonds« von gigantischem Ausmaß, der erst ab 2028 – und nicht etwa von Griechenland und Zypern, sondern von den etwas bodenständigeren Mitgliedsländern der EU – zurückzuzahlen sein wird (jedenfalls bürgen dieselben für die Rückzahlung), dann wird der Austritt für ein Land von der Größenordnung Deutschlands umso schwieriger. Denn Deutschland würde die EU nie verlassen können, ohne zuvor die verbliebenen Altschulden zu regeln. Und die verbleibenden Mitglieder um den Club Med (Frankreich, Italien, Spanien) würden Deutschland nicht gehen lassen, ohne eine Regelung dieser Frage zu Lasten Deutschlands zu erzwingen.

Die Argumente der von-der-Leyen-Kommission, das Geld würde aus dem Haushalt der EU zurückgezahlt, sind eine bewusste Täuschung und erreichen die Dimension politischen Betrugs. Denn ers-

---

51 Vgl. Art. 50 EUV.

tens muss der EU-Haushalt gewaltig erhöht werden. Dies ist nur durch eine Steigerung der Beiträge der Mitgliedsländer möglich, die allesamt gegenüber diesem Postulat zurückhaltend bleiben werden. Hält diese Zurückhaltung an – dies ist jedenfalls bei den südlichen und osteuropäischen Ländern mit Sicherheit zu erwarten – dann wird die Kommission auf die »Alternativlosigkeit« der Erzielung neuer Eigenmittel hinweisen. Auf diese Weise hätte sie die in Art. 114 II AEUV eindeutig verbotene Steuererhebung durch die Union umgangen. Der von-der-Leyen-Vorschlag ist also nicht nur in flagranti ein Verstoß gegen das Anleihenfinanzierungsverbot des Art. 311 AEUV der Europäischen Union, sondern er ist der bisher gelungene Versuch jener Kreise, die Frau von der Leyen – seitdem sie Verteidigungsministerin ist – aus Frankreich steuern, um Deutschland an die EU zu ketten und unserem Land nur noch die Möglichkeit zu lassen, durch immer größere Beitragszahlungen und Bürgschaften den Kollaps sowohl des Euroblocks als auch der gesamten EU zu verhindern.

Bereits die Bezeichnung des EU-Kommissions-Vorschlags als »Wiederaufbaufonds« ist eine grobe semantische Täuschung, die nur von denen nicht erkannt wird, die sich irrtümlicherweise als langfristig Begünstigte der Brüsseler Geldgeschenke betrachten. Es gibt nämlich in Italien, Spanien, Portugal – ganz zu schweigen von Frankreich – nichts, was wieder aufgebaut werden muss. Weder die Corona-Krise noch vorhergehende Krisen haben die Infrastruktur dieser Länder zerstört, haben Gebäude hinfällig werden lassen oder diese Länder daran gehindert, ihre Streitkräfte mit hochmodernen Waffen auszurüsten. Das, was dagegen in diesen Ländern daniederliegt, ist zum einen die Wettbewerbsfähigkeit (mit Ausnahme von Portugal) und zum anderen der Zustand der öffentlichen Finanzen. Wir werden sehen, wie weit

Frau von der Leyen mit der Wiederaufbaulüge kommt. Sie hofft jedenfalls angesichts des Verteilungsschlüssels der üppigen Gelder, die bisher skeptischen bis ablehnenden ost-mitteleuropäischen Staaten durch üppige Zuweisungen bestechen zu können. Dabei fällt der Milliardenbatzen, der Polen zuteilwerden soll (circa 162 Milliarden Euro), besonders ins Auge. Welcher Regierungschef – so auch der kluge Premierminister Morawiecki – wird auf die Möglichkeit verzichten, ganz unverdient einen solchen Milliardenbetrag für sein Land loszueisen und in einem Zug alle Rechtsstreitigkeiten mit der EU-Kommission, insbesondere die Rechtsstaatsverfahren nach Art. 7 EUV, zu bereinigen. Dem Von-der-Leyen-Plan liegt also die Vorstellung zugrunde, dass sich die Kritiker der Brüsseler Bürokratie, die heute überwiegend in Ost-Mitteleuropa sitzen, werden kaufen lassen.

Diese korruptive Zustimmungsmechanik legt die eigentliche Gefahr des Von-der-Leyen-Plans für die geistige Freiheit Europas bloß. Die Kommission will sich unter missbräuchlicher Ausnutzung einer mittelschweren Pandemie selbst ermächtigen, die Finanzierung – contra legem – zu revolutionieren und sich gleichzeitig mit dem so »gestohlenen« Geld die Mitgliedstaaten der Europäischen Union gefügig machen. Vor einer Europäischen Kommission, die über 750 Milliarden Euro – davon 390 Milliarden Euro in Gestalt von verlorenen Zuschüssen – zu entscheiden hat, kuschen alle Mitgliedsländer, insbesondere diejenigen, die sich wie Polen mit einem Verteidigungshaushalt von 8 Milliarden Euro zufriedengeben müssen. Kommt der Fonds, so werden alle Mitgliedsländer – besonders diejenigen, die auf signifikante Zuschüsse aus Brüssel stets hoffen konnten – ihren Lobbyismus in Richtung Brüssel verstärken. Das Europäische Parlament, bisher schon Vorzimmer der Kommission, wird endgültig zu einer großen

Lobbyblase verkommen. In dieser Lobbyblase wird rechenschaftslos das Geld Dritter verteilt. Aus dem Bericht des langjährigen französischen Europabeamten Jacques Lovergne[52] wird deutlich, dass die Kommission schon mit ihrem jährlichen Etat von 140 Milliarden und seiner Verteilung in den Mitgliedsländern heillos überfordert ist. Wie der Rechnungshof in tausend Seiten langen Berichten (die niemand liest) belegt, ist die Brüsseler Kommission außerstande, die Gelder, die sie in die Mitgliedsländer überweist, zu kontrollieren.

So wird es auch bei von der Leyens »Wiederaufbaufonds« gehen. Denn von Friedrich August von Hayek wissen wir, dass eine staatliche Instanz wie die Europäische Kommission, die sich »Hüterin der Verträge« nennt, gar nicht wissen kann, in welchen Branchen zukunftsträchtige Investitionen vorzunehmen sind. Es wird einem Angst und Bange, wenn man daran denkt, dass Frau von der Leyen und ihr Brüsseler Kabinett Städten, Regionen oder anderen Gebietskörperschaften vorschreiben wollen, welche Investitionen sie zu treffen haben, um Europa »grüner« zu machen oder die »digitale Revolution« zu beschleunigen. Der Von-der-Leyen-Plan ist also nicht nur ein Schlag gegen den deutschen Steuerzahler sowie die anderen Nettozahler und Hartwährungsländer der Europäischen Union, sondern auch eine subtile Form politischen Betrugs unter dem Vorwand der sogenannten Corona-Krise. Einen solchen Schlag gegen die Demokratie hat es bisher in Europa noch nie gegeben.

Das unkritische Echo, welches diese Anmaßung in der eigenen Partei, der CDU, von Laschet bis Merz gefunden hat, verrät sehr

---

52 Vgl. sein unter dem Pseudonym Didier Modi erschienenes Buch *Der europäische Albtraum. Ein Projekt wird seziert*, Edition Europolis 2017.

viel über den Gleichschaltungsprozess der politischen Meinung in Deutschland. Es belegt leider: Die CDU ist eine Linkspartei geworden, in der kein Platz für liberale EU-Kritiker mehr ist. Aber noch ist die Selbstbestimmung der Deutschen nicht verloren. Denn die Gruppe der Widerständigen ist in ihrem Willen, sich der Abdankung der deutschen Demokratie entgegenzusetzen, ungebrochen. Nur eins ist jetzt schon sicher, wenn 2028 nach den Plänen der Europäischen Kommission mit der Tilgung der EU-Anleihen begonnen werden soll: Die Akteure, die heute den Weg in die Schuldenunion weisen und damit die Zukunft Europas verbauen, werden nicht mehr an der Macht sein. Dies ist eine Befürchtung. Denn niemand kann von der Leyen & Co dann noch zur Rechenschaft ziehen.

Mit dem Macron/Merkel-Plan riskiert Deutschland seine Bonität als Schuldner. Denn rückzahlbar sollen die gesamtschuldnerisch verbürgten Anleihen erst ab 2028 sein. Dann wird sich Deutschland in einer Situation wiederfinden, in der die Kapitalmärkte die Bedienung ihrer Anleihen von Garanten-Ländern wie Zypern, Luxemburg, Rumänien, Griechenland – ganz zu schweigen von Italien, Spanien und Portugal – verlangen wird. Das Ausfallrisiko ist also total und schlägt sich spätestens dann beim Rating der Bundesanleihen und dem Gesamtschuldenstand der Bundesrepublik Deutschland nieder.[53]

Dass der Bundestag hierüber befinden muss, bestreiten selbst die euphorischen Befürworter des Wiederaufbaufonds nicht. Erwar-

---

[53] Wie die 750 Milliarden Euro Schulden im Bundeshaushalt verbucht werden, ist gegenwärtig nicht definitiv geklärt. Das Finanzministerium unter Olaf Scholz drängt auf Buchung einer Garantie wie bei den diversen Gewährleistungen für internationale Organisationen. Damit würde das Ausmaß von Eventualverbindlichkeiten verschleiert und käme erst an das Licht des Tages, wenn Deutschland zur Zahlung von den Gläubigern der Anleihen aufgefordert würde.

tungsgemäß werden die Regierungsparteien – der Kanzlerin und ihrem Finanzminister folgend – uniformiert dafür stimmen. Dies veranschaulicht die Fehleinschätzung des Bundesverfassungsgerichts, als es 2009 im Lissabon-Urteil die *Integrationsverantwortung* als Pflicht von Bundestag und Bundesregierung, den Integrationsprozess zu überwachen, präzisierte. Bundestag und Bundesregierung tun das Gegenteil: Sie überwachen diesen Integrationsprozess nicht und achten auch nicht auf die Einhaltung der Ermächtigungsgrundlagen der europäischen Verträge, sondern sind Initiator und Dulder dieses von Frankreich im Namen Europas imperativ geforderten Vertragsbruchs.

Die Arbeit des Europa-Ausschusses des Bundestages ist hierfür ein besonders anschauliches Beispiel: Unter seinem langjährigen Vorsitzenden Krichbaum (CDU) ist dieses Gremium zu einer Lobby der Brüsseler Integrationsinteressen mutiert.

Für den 26.10.2020 hatte der Vorsitzende des Ausschusses für die Angelegenheiten der Europäischen Union, Gunther Krichbaum, eine öffentliche Anhörung mit diversen Sachverständigen, die sämtlich von den im Bundestag vertretenen Parteien vorgeschlagen worden sind, angesetzt. Das Thema dieser Anhörung »Änderung des EU-Eigenmittelbeschlusses im Grundgesetz« hört sich technisch an.[54] Die Öffentlichkeit nimmt von dieser Anhörung kaum Notiz. Die Medien gehen hierüber nahezu schweigend hinweg. Indessen ist das scheinbar nur technisch-fachlich formulierte Thema von fundamentaler Bedeutung für die finanzwirtschaftliche Souveränität der Bundesrepublik Deutschland. Dies ist die Befugnis und Fähigkeit der Deutschen, über Einnahmen und Ausgaben ihres Gemeinwesens eigenverant-

---

54   Vgl. Schreiben an MdB Krichbaum vom 7.1.2021, siehe Anlage Nr. 2.

wortlich zu bestimmen. Hintergrund der Anhörung im Bundestag ist die Änderung des sogenannten Eigenmittelbeschlusses der EU zwecks Lancierung der Mega-Anleihe zur Finanzierung des »Wiederaufbaufonds«.

Die Eigenmittel der EU und der Beschluss hierüber betreffen sämtliche Ressourcen, über die die EU (außer Fremdmitteln) verfügt. Art. 311 AEUV ist diesbezüglich eindeutig. »Der Haushalt wird unbeschadet der sonstigen Einnahmen vollständig aus Eigenmitteln finanziert.« Nachdem sich die Regierungschefs und Staatschefs der EU im Juli 2020 in einem Verhandlungsmarathon auf ein System europäischen Kurzarbeitergelds (SURE) sowie einen europäischen Wiederaufbaufonds in Höhe von 750 Milliarden Euro zähneknirschend geeinigt hatten, war es an der Kommission, vorzuschlagen, wie die Eigenmittel der Europäischen Union aufgestockt werden könnten, um die Rückzahlung von gegebenenfalls 850 Milliarden Euro über einen so langen Zeitraum bis 2058 sicherzustellen.

Besorgte Anfragen von Abgeordneten des Europäischen Parlaments fanden von Seiten der EU-Kommission zum Teil rechtsirrtümliche Antworten. So schrieb der Haushaltskommissar Johannes Hahn mit Datum vom 7.9.2020 an den Abgeordneten Eppink, die Europäische Union habe aufgrund von Artikel 311 I AEUV die Möglichkeit, Anleihen zu begeben, um auf diese Weise ihren Aufgaben nachzukommen. Hahn, der bereits in der Vergangenheit durch ein nicht abgeschlossenes Jurastudium und eine philosophische Dissertation mit dem Titel »Die Perspektiven der Philosophie heute – dargestellt am Phänomen der Stadt« aufgefallen war,[55] demonstriert mit derar-

---

55 Vgl. oben Fußnote 4.

tigen unprofessionellen Antworten nicht nur den Verfall der EU als Rechtsgemeinschaft, sondern auch den Abfall des fachlichen Niveaus der Kommissionsmitglieder.[56]

Da also unstreitig ist, dass die höchst problematische Begebung von Anleihen durch die Europäische Union nur in dem Maße überhaupt zulässig ist, wie sie durch die Existenz entsprechender Eigenmittel rückzahlbar ist, muss über dieses neue System der Eigenmittel nicht nur auf europäischer Ebene, sondern auch auf nationaler Instanz beraten werden. Denn, so steht es in Artikel 311 Abs. 2 AEUV unmissverständlich: Ohne entsprechende Zustimmung der zuständigen Verfassungsorgane der Mitgliedstaaten der EU ist eine Veränderung des Eigenmittelsystems der EU unzulässig. Was sich also hinter einer technischen Formulierung verbirgt, ist mehr als eine juristisch-haushaltswirtschaftliche Detailfrage, sondern für die Sicherung der nationalen Demokratie in der Finanzwirtschaft von entscheidender Bedeutung. Man durfte also mit Spannung erwarten, was die Experten zu diesem Thema vorzutragen haben. Das zu referieren, was Lucas Guttenberg, der stellvertretende Direktor des Jacques Delors Center an der Hertie School, vorgetragen hat, kann dem Leser getrost erspart bleiben. Denn das Jacques Delors Centre an der Hertie School in Berlin versteht sich als politischer Satellit Pariser Politik in Deutschland. Dementsprechend fiel die zweiseitige Stellungnahme von Herrn Guttenberg aus.

Von Martin Nettesheim, dem bekannten, europhilen Staatsrechtler aus Tübingen, wurde immerhin eingeräumt, dass der Eigenmittelbeschluss zu einer Überdeckung der geplanten Wiederaufbauanleihen

---

56 Vgl. den Brief von Hahn in Anlage Nr. 1.

führen würde. Dies erscheint allerdings mehr als ein Schönheitsfehler zu sein, zumal von ihm bestritten wird, dass die Umstellung des Gesamtsystems der EU-Finanzierung in Gestalt der Änderung des Eigenmittelbeschlusses eine Änderung des Primärrechts, also der Europäischen Verträge, darstelle. Nettesheim ist ferner der Meinung, dass eine qualifizierte Zustimmung des Bundestages in Form einer Zwei-Drittel-Mehrheit mangels der Veränderung des Primärrechtes überflüssig sei. Die Überhöhung der Eigenmitteldeckung für die geplante Anleihenbegebung sei für ihn ein »politisches Signal«, durch das die haushaltspolitische Gesamtverantwortung des Deutschen Bundestags nicht gefährdet sei.

Im Gegensatz zu diesem staatsrechtlichen Räsonieren, das aus einer EU-konformen Gesinnung erwächst, bringt der Heidelberger Finanzwissenschaftler Professor Friedrich Heinemann die Dinge auf den Punkt. Seine These geht schon aus der Überschrift seines Gutachtens hervor: »Die Überdeckung der Next Generation EU-Schulden im Entwurf des neuen EU-Eigenmittelbeschlusses: Ausmaß und Haftungskonsequenzen«. Er weist quantifiziert darauf hin, dass durch die Änderung des Eigenmittelbeschlusses eine mindestens zehnfache Überdeckung der geplanten Anleihenbegebung und der zu gewährleistenden Rückzahlung eintrete.

Er belegt nicht nur die Ungereimtheiten der Berechnung des Eigenmittelbeschlusses (Berechnung auf der Grundlage von Preisen aus dem Jahre 2018), sondern legt den Finger in die Wunde: Wenn auf Dauer Deutschland in einem Umfang von 0,6 Prozent seines Bruttonationaleinkommens zur Finanzierung der EU zusätzlich herangezogen werden kann, setze dies starke Anreize zur verzögerten Tilgung der EU-Wiederaufbauanleihe. Hierdurch werde der Bundeshaushalt für den Fall von Zahlungsausfällen bei anderen Mitgliedstaaten bis 2058 unabsehbaren Risiken ausgesetzt.

Angesichts des Platzierungserfolgs der Finanzierungsanleihen für das europäische Kurzarbeitergeld SURE am 21.10.2020 (vielfache Überzeichnung der Emission) dürfte Heinemann mit der Annahme richtig liegen, dass der Umfang der Erhöhung der EU-Eigenmittel überhaupt nichts mit der Sicherung der Anleihenrückzahlung zu tun habe. Man darf sogar mehr vermuten: Angesichts der Komplexität der Materie und der ständigen Überforderung der EU-Parlamentarier als auch der Abgeordneten nationaler Parlamente scheint die Kommission die Gunst der Stunde erkannt zu haben, um sich ein Finanzierungspolster zuzulegen, das besonders diejenigen Staaten arg treffen kann, die in der Zeit bis 2058 zahlungskräftig bleiben.

Werden die Abgeordneten des Deutschen Bundestags, insbesondere die europagläubigen Mitglieder des EU-Ausschusses des Bundestages, die quantifizierten Bedenken von Prof. Heinemann zur Kenntnis nehmen? Oder werden sie sich wie bisher den kognitiven Fraktionierungszwängen unterwerfen und alles abnicken, was ihnen von den Fraktionsführungen beziehungsweise der Bundesregierung vorgesetzt wird? Dann aber wird in absehbarerer Zeit der Bundestag als Gestalter der haushaltspolitischen Gesamtverantwortlichkeit zur Fiktion werden. Dies würde das Bundesverfassungsgericht zur Kenntnis nehmen müssen. Der Zweite Senat würde dann zu bewerten haben, ob seine Postulate der Integrationsverantwortung noch mit der Praxis des real existierenden deutschen Parlamentarismus vereinbar sind.

Wenn der Einstieg in EU-Schulden auf Betreiben der Bundesregierung und mit Zustimmung des Bundestages politisch ermöglicht wird, dürften sich die verfassungsrechtlichen Sicherungssysteme zur

Einhegung der Europäischen Union – insbesondere der Europäischen Kommission – als endgültig untauglich erwiesen haben. Die verfassungsrechtliche Auflösung Deutschlands, sein »Aufgehen« in der Europäischen Union, sein allmähliches Verschwinden als ein eigenständiges staatliches Subjekt wäre das Ergebnis einer Politik der Großen Koalition zusammen mit den Grünen und den EU-Romantikern der FDP, die mit Hingabe am »finis Germaniae« arbeitet.

Die Chuzpe, mit der Angela Merkel den deutschen Steuerzahler auf die Schlachtbank Europas führt, geht von dem Kalkül aus, dass die Deutschen nie protestieren werden. Deshalb verkündet die Kanzlerin den Dammbruch mit der Banalität eines Sonntags-Podcast. Dieses Kalkül hat seit der überflüssigen Rettung Griechenlands bislang im Sinne der Machterhaltung Angela Merkels immer funktioniert. Ihre banale Rhetorik soll suggerieren: Mutti macht's schon. Aber nunmehr könnte der Rubikon überschritten worden sein. Denn die Kanzlerin will nichts mehr gestalten, sondern nur noch das rettende Ufer ihres Mandatsendes erreichen, ohne dass es während ihrer Kanzlerschaft in Europa zum großen Knall kommt. Was sind da 750 Milliarden oder eine Billion Euro, die spätere Generationen zu tilgen haben?!

Quintessenz: Macron triumphiert … und Frau Merkel bittet den deutschen Steuerzahler zur Kasse. Wird das ihre letzte Volte sein?

Die Auseinandersetzungen um die Zukunft der EU haben mit dem »historischen Kompromiss« über das Corona-Wiederaufbauprogramm beim Sommergipfel der EU in Brüssel erst begonnen. Dieser »Erfolg« von Angela Merkel stand fest, bevor die Verhandlungen in Brüssel überhaupt begonnen hatten. Alle wussten: Merkel war zum Erfolg verurteilt und würde sich bereitfinden, statt den

Gipfel zu vertagen, im Windschatten der beginnenden Sommerpause das 750 Milliarden Programm durch die Brüsseler Schleusen zu bringen. Die Entscheidung war prinzipiell gefallen, nachdem sie in einer ihrer typischen Volten gegenüber Frankreichs Drängen auf gemeinsame Schulden und neue Einnahmen für die EU kapituliert hatte. Die seitdem nicht enden wollende Debatte, ausgelöst durch die angeblich sparsamen Vier, mittlerweile um Finnland erweitert, war bestenfalls taktische Opposition. Denn selbst um Finnland erweitert konnte keiner der Regierungschefs der Länder Österreich, Schweden, Niederlande und Dänemark für sich in Anspruch nehmen, das deutsch-französische Kondominium zu sprengen. In Brüssel gab es auch kein »Ringen«, sondern vier Tage Schattenboxen. Insofern stand von vornherein fest, dass Mark Ruttes Aufgebehren nur wahltaktischer Natur war und es ihm, wie allen anderen Politikern darum ging, gegenüber seinen Wählern in den Niederlanden, die mehrheitlich jede Form von Transferunion ablehnen, zu zeigen, dass er das Optimum herausgeholt habe.

Damit hat die Europäische Union alle Maximen finanzwirtschaftlicher Nachhaltigkeit, die sie bislang gegenüber den Mitgliedstaaten in Gestalt des Stabilitätspaktes predigte, für sich selbst über Bord geworfen. Es werden gemeinsame Schulden aufgenommen, diese werden erst ab 2028 getilgt, und zwar über einen Zeitraum von 30 Jahren, also außerhalb des Wiederwahlzyklus für alle gegenwärtigen Amtsinhaber in den Mitgliedstaaten und in der Europäischen Kommission. Man könnte auch sagen: Nach uns die Sintflut. So definiert das Brüsseler Regime finanzwirtschaftliche Solidität.

Hinzu kommt: Es werden Geschenke an die Südländer und »Bestechungsgelder« an Polen und Ungarn verteilt. Diese werden auch noch mit gemeinsamen Schulden finanziert; Schulden, von denen wir heute nur wissen, dass sie jedenfalls weder von Griechenland noch Zypern noch Luxemburg oder gar Malta zurückgezahlt werden. Die Bundesbank bezeichnet die Finanzierung von Transfer-Geschenken an EU-Mitgliedsländer durch die Aufnahme gemeinsamer Schulden als »bedenkliches Novum«[57], ohne dass bislang diese sprachlich sehr moderate, sachlich indes vernichtende Einschätzung in der Öffentlichkeit angekommen ist. Die Medien haben sie geflissentlich übersehen.

Die Anhänger des AOK-Föderalismus der EU – in Deutschland das Linkskartell bestehend aus CDU/SPD sowie den Grünen, sogar beklatscht von FDP-Chef Lindner, in Frankreich die Pariser Eliten sowie die Südländer der Europäischen Union – haben auf ganzer Linie gesiegt. Proteste wird es nur bei denen geben, deren Rabatte nicht großzügig genug ausgefallen sind und die ihren Wählern daheim nicht glaubwürdig werden darlegen können, dass sie und nur sie einen Sieg für die Heimat errungen hätten.

Und schließlich: Die EU hat ihr Postulat auf Rechtsstaatlichkeit aufgegeben, um nicht die ungarische und polnische Regierung zu verärgern oder sie gar zu einem definitiven Veto zu verleiten. Gerade diese beiden Regierungen wollten zu keinem Zeitpunkt auf den Geldsegen aus Brüssel verzichten und waren sich sicher, dass die EU-Kommission auf ihre Rechtsstaatlichkeitspostulate nur verbal pochen würde. Dies ist der eigentlich »historische« Kompromiss der Brüsseler Nächte: Die EU-Kommission besticht die renitenten Staa-

---

57 Vgl. Deutsche Bundesbank, Monatsbericht August 2020 S. 87 ff. Siehe die Dokumentation in der Anlage Nr. 3.

ten mit viel Geld und gibt ihren Rechtsstaatlichkeitsanspruch preis.
Mit dem von Kanzlerin Merkel vermittelten »Kompromiss« haben
Ungarn und Polen nichts zu befürchten. Verfahren wegen mangelnder Rechtsstaatlichkeit und Kürzungen ihrer Subventionen kommen
erst dann in Betracht, wenn der Europäische Gerichtshof – nach jah-
relangen Verfahren – Rechtsstaatsverstöße festgestellt hat. Das nennt
man Wertegemeinschaft ...

3. KAPITEL

LAND OHNE PARLAMENT?
WIE DER BUNDESTAG ABDANKT

Von der Euro-Rettung bis zum Corona-Wiederaufbauprogramm hat sich der Deutsche Bundestag nie als Gestalter der Haushaltspolitik verstanden. Dieses Verhalten steht im Widerspruch zu den verbindlichen Vorgaben des Bundesverfassungsgerichts. Spätestens in seinem Lissabon-Urteil am 9.6.2009 hat das Bundesverfassungsgericht die unveräußerlichen Pflichten des Deutschen Bundestags in der Haushaltspolitik unmissverständlich klargestellt. Der Deutsche Bundestag müsse zentraler Gestalter der Haushaltspolitik bleiben. Alles, was Einnahmen und Ausgaben sowie finanzielle Risiken für den Bundeshaushalt betrifft, müsse von ihm gesteuert werden. Er stünde bei Haushaltsfragen im Mittelpunkt des Geschehens. Das Parlament dürfe auf diese Rolle nicht verzichten, weil die Zuständigkeit des Bundestages für die Haushaltspolitik der unverzichtbare Kern des demokratischen Prinzips sei. Das Bundesverfassungsgericht qualifiziert das EU-Monitoring als Pflicht, angesichts immer weiter ausgreifender europäischer Ermächtigungen, den Primat der Haushaltspolitik des Bundestages sicherzustellen. So kam die Integrationsverantwortung in die Welt. Es handelt sich also um die Obliegenheit des deutschen Parlamentes, neben der Bundesregierung den Integrationsprozess kritisch zu begleiten und immer dann, wenn die Haushaltspolitik tangiert ist, sich machtvoll und gestaltend zu Wort zu melden.

Wie dies bisher bei den Euro-Rettungen gehandhabt wurde, wissen wir noch zu gut. Angefangen bei der Griechenland-Rettung bis zu den Notkrediten für Zypern, Portugal, Spanien und Irland wurde der Bundestag erst in allerletzter Minute informiert. Stets wurde darauf hingewiesen, dass eine kurzfristige Beratung oder eine ultimativ schnelle Rettung alternativlos sei. Beim ESM, dem europäischen Stabilisierungsmechanismus, ist das Bundesverfassungsgericht sehr präzise geworden. Die Ausreichung von Krediten unter den Bedingungen des Art. 136 AEUV (Gefahr für die Stabilität des gesamten Euro-Gebietes und hohe Konditionalität für den ausgereichten Kredit) müsse erstens vom Bundestag beachtet werden. Zweitens könne der Vertreter Deutschlands im ESM keinem Kredit zustimmen, ohne zuvor vom Bundestag hierzu ermächtigt worden zu sein. Die Corona-Krise wirft nun alles über den Haufen.

Bereits am 14. Mai 2020 stimmte der Bundestag einer Beschlussvorlage des Bundesfinanzministeriums zu, wonach die Mitglieder der Euro-Zone insgesamt 240 Milliarden Euro und einzeln bis zu 2 Prozent ihres BIPs vom ESM leihen dürfen, allerdings – entgegen der Vereinbarung – ohne Konditionalität, also ohne Bedingungen, die sicherstellen, dass der Kredit erhaltende Staat seine öffentlichen Finanzen reformiert, also neu ordnet.[58]

Am 18.6.2020 stimmte der Deutsche Bundestag den Garantien zu – für Deutschland insgesamt 4,6 Milliarden Euro – um das Eu-

---

58 Vgl. »Bundestag stimmt europäischen Corona-Finanzhilfen zu«, https://www.bundestag.de/dokumente/textarchiv/2020/kw20-de-kreditlinie-eccl-esm-695092 (zuletzt abgerufen am 28.1.2021).

ropäische Kurzarbeitergeld, genannt SURE, in Höhe von insgesamt 100 Milliarden Euro ausschüttungsfähig zu machen. Beide Entscheidungen fielen ohne vorherige Debatte, so als ob es um die Erhöhung der Pendler-Pauschale ginge. Die Fraktionsgeschäftsführer hatten zuvor die Weichen gestellt. In den Fraktionen der Regierungsparteien gab es kein Murren. FDP und Grüne stimmten der Regierungsvorlage sogar zu. Man wollte sich in puncto Europa-Affinität von niemandem übertreffen lassen. Entscheidend ist nicht das Ergebnis der parlamentarischen »Beratung«, sondern sein Zustandekommen ohne Debatte. Die Damen und Herren Volksvertreter haken ab und nicken nur noch verständnisvoll den Plänen der Regierung zu.

Wie ist es zu diesem Niedergang des deutschen Parlamentarismus gekommen? Es dürfte wohl an dem Griff der Parteien nach der Staatsmacht liegen. Jenen Parteien, die ausgestattet mit dem Privileg staatlicher Finanzierung gem. Art. 21 GG den Staat zunehmend zu ihrer eigenen Sache machen, ihn kolonisieren und im Bundestag durch Fraktionsdisziplin jedwede freie Debatte unterdrücken. Die entscheidende Frage scheint: Kann die Kolonisierung des Staates durch die Parteien gestoppt beziehungsweise überwunden werden? Wie ist die Berücksichtigung des Bürgerwillens im Bundestag sicherzustellen? Und wie kann schließlich durch diesen Bürgerwillen die Selbstbestimmung Deutschlands gegen Händel der Parteien mit dem Ausland – insbesondere mit dem Erbfreund Deutschlands, *la Grande Nation* Frankreich – verhindert werden?

Ein Blick auf den verfassungsrechtlichen Ist-Zustand hilft, die pathologische Entwicklung des deutschen Parlamentarismus zu erklären. Denn der föderalistische Parteienstaat beruht auf:

- dem Parteienprivileg des Art. 21 GG,
- einer Mischung aus Mehrheits- und Verhältniswahlrecht, das die Aufstellung der Kandidaten dem Monopol von Parteien anvertraut, sowie
- der Ewigkeitsgarantie der gegenwärtigen Ländervielfalt, die auch Zwerggebilde wie das Saarland und Bremen oder kommunale Sümpfe wie Berlin mit dem rechtlichen Kostüm der Staatlichkeit ausstattet und in ihrem Bestand schützt.

Das Parteienprivileg des Art. 21 GG wurde einst geschaffen, um die Parteien als intermediäre Gewalten zwischen Bürger und Staat fest zu verankern. Dies geschah im Lichte der Erfahrungen der Weimarer Republik. In der bundesdeutschen Realität sind die Parteien im Parlament Finanzierungsbeschaffer für die mittlerweile megagroßen parteinahen Stiftungen geworden. Diese sorgen ihrerseits dafür, dass abgewähltes politisches Personal recycelt wird. Es ist erstaunlich, wie schnell *Die Grünen*, aber auch die *Die Linke* es lernten, das Auf und Ab des politischen Wettbewerbs dadurch auszugleichen, dass man sich im Parlament gemeinsam mit allen anderen Parteien für die üppige Finanzierung von Parteistiftungen einsetzt. Die Parteien schwimmen im Geld, solange sie im Parlament sitzen. Für ihre Stiftungen genehmigen sich die Parteien – zu Lasten der Steuerzahler – ständig steigende Haushaltszuweisungen. Mittlerweile sind es fast 500 Millionen Euro jährlich. Endlich wird auch die deutsche Öffentlichkeit aufgrund des parlamentarischen Durchmarsches der AfD auf jene Pfründe aufmerksam, die mit der Erlangung dieses Status einhergehen. So ist es gelungen, eine Politikerklasse zu züchten, diese zu nähren und damit eine berufliche Perspektive zu schaffen, die darin besteht, von Parteipolitik zu leben – solange es der Partei gefällt. Dieser warme Wellness-Pool ist ein willkommenes Becken für Nicht-Schwimmer oder solche, die beim Leistungsschwimmen nicht zugelassen waren oder sonst wie scheiterten. Im Bundestag gibt es eine große Zahl davon.

Warum zelebrieren die Abgeordneten des Bundestags als dem nationalen Parlament auf diese Weise ihre eigene Abdankung als Vertreter der Bürger? Warum überlassen sie den Apparatschiks und Parteivorderen ihre ureigene Pflicht aus Art. 38 GG, als Vertreter des gesamten deutschen Volkes dessen Belange im Bundestag frei zu erörtern? Sind sie den Anforderungen an ihre repräsentative Rolle nicht mehr gewachsen oder wollen sie nicht mehr Repräsentanten des ganzen Volkes sein?

Der verstorbene Bundesverfassungsrichter, Prof. Dr. Dr. *Ernst-Wolfgang Böckenförde*, wies mahnend auf die Konsequenzen dieses Verhaltens hin: Sei der Wille, Repräsentant des ganzen Volkes zu sein, abhandengekommen,

> »kann demokratische Repräsentation nicht zustande kommen und *die Bürger* entbehren der Möglichkeit entsprechender Artikulation ihrer selbst.«

Die Folgerung von Böckenförde ist weitreichend:

> »Wird diese Aufgabe nicht oder nur unzulänglich gemeistert, werden Repräsentationserwartungen der Einzelnen oder auch der Bürger insgesamt durch das Handeln der Repräsentanten enttäuscht, vermögen sie sich in diesem Handeln nicht irgendwie wiederzuerkennen, verliert das demokratische politische System seine Legitimationsbasis.«

Mit anderen Worten: Haben die Bürger den Verdacht, die Parteien verhandeln vorrangig über ihr Wohlergehen und nicht um das Wohl aller, wenden sie sich – mit Recht – von diesem politischen System ab. Genau diese Situation liegt im Deutschen Bundestag vor. Der Bundestag ist zu einem Vorzimmer der Regierung geworden. Zahllose Ämter werden von der Bundesregierung an Mitglieder des Bundestages vergeben, um die Abgeordneten »einzubinden« und ihnen den Schneid zum Widerspruch zu nehmen.[59]

Die Bürger empfinden Ohnmacht gegenüber dem parlamentarischen Regierungssystem, dessen Irrlauf – wie die formale Beratung fast sämtlicher EU-Ermächtigungen belegt – nur durch eine Katastrophe aufzuhalten zu sein scheint.

Wenn der Autoritätsverfall des Bundestags nicht gestoppt werden kann, wird sich die Zahl der Protestwähler weiter erhöhen oder – was noch schlimmer ist – die Zahl der Nichtwähler vervielfachen. Die Menschen wollen sich in den Parlamenten wiedererkennen, statt dort selbstherrliche Politiker zu sehen, die aus selbstreferenziellen Gruppen und sich selbst genügenden Cliquen hervorgegangen sind. Die gegenwärtige Dekadenz des parlamentarischen Regierungssystems steht auch im Zusammenhang mit dem Fehlen von Autorität.

---

59 Behindertenbeauftragter, Drogenbeauftragter, Russlandbeauftragter, Gleichstellungsbeauftragter, Menschenrechtsbeauftragter, Beauftragter für Bürokratieabbau und bessere Rechtsetzung (Hoppenstedt), Koordinator für transatlantische, zwischenstaatliche, kultur- und informationspolitische Zusammenarbeit, Sonderbeauftragter der BR für die Leitung der Umsetzung des Extractive Industries Transparency (EITI), Beauftragter für Anliegen von Opfern und Hinterbliebenen terroristischer Straftaten im Inland, Beauftragter für weltweite Religionsfreiheit, Beauftragter für Belange der Patientinnen und Patienten, Beauftragter für – Güterverkehr und Logistik und Schienenverkehr, Beauftragter für Deutsch-Französische Zusammenarbeit, Beauftragter für Maritime Wirtschaft, Beauftragter für Luft-und Raumfahrt.

Einst formulierte *Charles de Gaulle*:

>»Unsere Zeit geht mit der Autorität hart um. Die Sitten der
> Zeit legen die Wälle nieder, die sie schützen, die Gesetze
> gehen darauf aus, sie zu schwächen. Zuhause wie in der
> Werkstatt, im Staat wie auf der Gasse ruft sie eher Ungeduld
> und Kritik als Vertrauen und Unterordnung hervor. Von unten
> getreten, wo immer sie sich zeigt, fängt sie an, an sich selber
> zu zweifeln. Tappt hierhin und dorthin und macht sich zur
> Unzeit geltend oder nur zum geringsten möglichen Grade,
> noch dazu unter Verschweigungen, Vorsichtsmaßnahmen und
> Entschuldigungen. Oder umgekehrt: im Übermaß oder mit
> Püffen, groben Manieren und übertriebener Förmlichkeit.«[60]

Bei der Beschreibung dieses Niedergangs des parlamentarischen Regierungssystems hatte de Gaulle die selbstzerstörerische Kraft des
Parteienstaates der Dritten Französischen Republik vor Augen. Der
Parteienstaat brachte keine Gestalten hervor, sondern ließ nur Figuren entstehen. Diese hatten kein Anliegen außer sich selbst. Er nahm
– bekanntlich – 1946 als Regierungschef den Hut, weil er dem Trei-
ben der Parteien nicht länger zusehen konnte. Und er wurde zurück-
gerufen, als es mit der Vierten Republik aufgrund der Algerien-Krise
zu Ende ging, weil die Parteipolitiker der Lage nicht Herr wurden.

Wir wollen im gegenwärtigen Krisenzustand der deutschen Republik nicht nach einem *de Gaulle* Ausschau halten. Es gibt keinen

---

60   Charles de Gaulles, *Die Schneide des Schwertes*, übersetzt von Carlo Schmid, 1. Aufl.,
     Frankfurt 1981, S. 83.

Mann und wohl auch keine Frau der Vorsehung, die es allein vermögen würde, die Dinge zu richten. Indessen sind die gegenwärtigen deutschen Zustände ein Appell an alle Bürgerinnen und Bürger, ihre Macht zu demonstrieren, laut und vernehmbar zu rufen: Der Bürgerwille entscheidet! Damit die anstehenden, bedrohlichen Souveränitätstransfers nicht länger dem Diktat der Fraktionsdisziplin unterworfen, sondern Gegenstand freier parlamentarischer Debatte werden.

Für den EU-Wiederaufbaufonds (»EU Next Generation«) in Höhe von 750 Milliarden Euro steht ein entsprechender Beschluss des Bundestages zusammen mit den Parlamenten der anderen EU-Staaten noch aus. Die Europäische Kommission ist bislang sehr geschickt vorgegangen. Sie verschleiert, worum es im Kern geht: um die Verstärkung ihrer Machtstellung. Sie schlägt ganz ungeniert den Mitgliedstaaten der Europäischen Union die Selbstkastration ihrer fiskalischen Demokratien vor. Die Mitgliedstaaten sollen der kollektiven Haftung für einen Wiederaufbaufonds in Höhe von 750 Milliarden Euro zustimmen, der erst ab 2028 rückzahlbar ist und im Wesentlichen aus dem dann erhöhten EU-Haushalt getilgt werden soll. Die Kommission verschweigt indessen, dass die hierfür mindestens jährlichen Tilgungsraten von 25–30 Milliarden Euro aus einem erhöhten EU-Haushalt nicht gezahlt werden können, also folglich die EU weitere Eigenmittel braucht. Diese kann sie nur durch Steuern erzielen, obwohl ihr definitiv keine Steuerhoheit zusteht. Da niemand in der EU leichten Herzens der Kommission das zugestehen will, was die Verträge ihr verweigern, die Souveränität über Steuermittel (Art. 114 AEUV ist diesbezüglich eindeutig), zögern manche noch, sich auf das süße Gift der Subventionsversprechen einzulassen. Doch die Kommission lässt nicht locker. In Machtfragen kennt sie keine Kompromisse und scheut auch vor unseriösen Lockungen nicht zurück. Polen, dem widerspenstigen Land im Osten Europas, verspricht die Kommission aufgrund des Verteilungsschlüssels für den Wiederaufbaufonds 162 Milliarden Euro. Dies ist ungefähr zwanzigmal so viel, wie Polen in seinem Verteidigungshaushalt ausgibt. In deutschen Kaufkraftgrößen würde dies ungefähr 800 Milliarden Euro entsprechen. Den Verlockungen eines solchen Angebots wird ein polnischer Ministerpräsident – egal welcher Partei er angehört – nicht widerstehen wollen. Gleichzeitig werden die Nordländer – insbesondere »Die sparsamen Vier« – wie jede andere oppositionelle Stimme unter Druck gesetzt. Wollen sie wirklich die Schuldigen dafür sein, dass Europa nicht aus der Corona-Krise herauskommt? Sie diskutieren nur noch über die Frage, wie hoch der Fonds sein und wie das Verhältnis von Subventionen und Krediten ausfallen soll. Im Kern haben sie sich bereits damit abgefunden, dass es eine gemeinsame Haftung geben wird. Aus alledem wird die Methode der Europäischen Kommission deutlich. Sie kauft die Zustimmung sowohl in Südeuropa als auch bei den widerspenstigen Ländern Osteuropas und sie erpresst die Nordländer, die – außer Deutschland – von dem gesamten Konzept nichts halten.

Sollte die EU-Kommission schließlich über die 750 Milliarden Euro verfügen, wird sie zur Herrin Europas werden. Sie entscheidet darüber, welche Region coronageschädigt ist und wie viel Geld sie für welches Projekt erhält. Und sie kann aus dem großen 750 Milliarden-Euro-Topf auch gleichzeitig ihre Chef-Propagandisten in den unterschiedlichen Wissenschaftsinstitutionen bezahlen. Das Collège de l'Europe bekommt jährlich 10 Millionen Euro, CEPS, einer von vielen kommissionsnahen Think Tanks, erhält 2 Millionen Euro, ganz zu schweigen von Bruegel, wo das gesamte Brüsseler Establishment wissenschaftlich flaniert.

Die Kommission ist längst zu einer völlig autonomen Instanz geworden, die sich durch diesen einmaligen *coup d'État* in die Lage versetzt, ihre Macht exponentiell auszubauen. Wer eine europäische Zentralregierung unter Leitung von Frau von der Leyen wünscht, möge dem Wiederaufbauprogramm zustimmen. Der Bundestagsabgeordnete, der die fiskalische Verantwortlichkeit der Nationalstaaten erhalten will, wird sich genau überlegen, ob er dem Ermächtigungsgesetz zum EU Next-Generation-Fonds seine Zustimmung geben wird. Sollte der Bundestag wiederum abnickend das EU-Projekt durchwinken, mag der Zeitpunkt gekommen zu sein, neue Widerstandsformen gegen das Diktaturprojekt, welches sich hinter dem Begriff *Europäische Integration* verbirgt, zu konzipieren.

4. KAPITEL

AUSSERHALB JEGLICHER KONTROLLE: DIE EZB UNTER LAGARDE WIRD ENDGÜLTIG ZUM DIKTATOR

Eine Dame von Welt betritt am 30.4.2020 pünktlich um 14:30 Uhr den Konferenzraum der EZB. Christine Lagarde, die EZB-Präsidentin, ist wie immer optimal gestylt und betont mit Gang und Geste ihr Selbstvertrauen in sich und die Institution, die sie repräsentiert. Sie ist in Erklärungsnot. Denn seit den zwei wesentlichen Reaktionen der EZB auf die Corona-Pandemie am 12. und 18.3.2020 sind neue Daten eingegangen, die die schwerste Rezession in Friedenszeiten erwarten lassen. Viel Neues hat Christine Lagarde nicht zu verkünden. Die gezielten Finanzierungserleichterungen für Banken (TLTRO III)[61], die bereits bei den zurückliegenden Ratssitzungen bankenfreundlich formuliert waren, sind für die Kreditinstitute noch verlockender ausgestaltet worden.[62]

Blitzschnell hat der EZB-Rat ein neues Instrument aus dem Hut gezaubert: PELTROs. Dies sind gezielte Refinanzierungserleichterungen, um die Liquiditätsbedingungen in der Eurozone, besonders

---

61   Zur Mechanik der TLTROs siehe die Erklärung der Bundesbank unter dem folgenden Link: https://www.bundesbank.de/de/aufgaben/geldpolitik/offenmarktgeschaefte/gezielte-laengerfristige-refinanzierungs-geschaefte-iii (zuletzt abgerufen am 28.1.2021).

62   Vgl. Pressemitteilung der Europäischen Zentralbank Monetary Policy Decisions vom 30.4.2020, Ziffer 1.

in den Banken, zu erleichtern. Was es damit genau auf sich hat, vermag Madame Lagarde, die angespannt wirkt und sich darauf konzentrieren muss, den Text, der für sie ausgearbeitet wurde, korrekt vorzulesen, nicht zu erklären.[63]

So ist die EZB-Präsidentin sichtlich bemüht, sich bei den makroökonomischen Aspekten durch Journalistenfragen nicht aufs Glatteis führen zu lassen. Sie meint, Kommunikation sei alles. Man müsse nur die ohnehin meist wohlgesonnenen Journalisten davon überzeugen, dass die Maßnahmen der EZB ausreichen würden, um die durch die Corona-Pandemie ausgelöste Krise wirtschaftspolitisch in den Griff zu bekommen. Die wenigen Fragen, die aus einem angelsächsisch geprägten Journalistenkreis gestellt werden, betreffen so heikle Themen wie den Kauf von Junkbonds oder die Anpassung der laufenden Programme. Lagarde, sichtlich irritiert über derartige Fragen, antwortet mit der forcierten Attitüde des Zentralbankers. Über den Ankauf von Junkbonds – also sogenannten Müllanleihen mit einem C-Rating – sei im EZB-Rat »nicht diskutiert worden«. Genauso wenig sei über das noch laufende Anleihenkaufprogramm (APP) »erneut diskutiert« worden. Sie zählt die Kaufvolumina der unterschiedlichen Programme repetierend auf und beschwört die virtuell zugeschalteten Journalisten, bitte glauben zu wollen, dass das pandemische Notankaufprogramm zusammen mit der Erhöhung des noch laufenden PSPP-Programms sowie den Reinvestitionen in den Anleihenmarkt (insgesamt ein Volumen von stolzen 3 Billionen Euro) ausreichen werde, um die Krise in den Griff zu bekommen.

---

63   Vgl. Ziffer 2 der Monetary Policy Decisions, EZB-Pressemitteilung vom 30.4.2020.
     Hierin wird darauf verwiesen, dass die Modalitäten für PELTROs im Mai dargelegt werden.

AUSSERHALB JEGLICHER KONTROLLE

Auffällig ist die restriktive Transparenz der normalerweise auf Kommunikation angelegten EZB-Präsidentin. Sie ist nur bereit, sehr wenige Fragen aus dem journalistischen Publikum zuzulassen. Im Übrigen gibt sie bekannt, dass der EZB-Rat beschlossen habe, die gekauften Anleihenvolumina im Rahmen des PEPP-Programms nur alle zwei Monate zu veröffentlichen. Niemand wundert sich darüber, woher diese neue Informationszurückhaltung kommt. Denn die EZB kauft nicht länger nach dem Kapitalschlüssel ihrer Eigner, der Zentralbanken des Eurosystems. Sie hält sich auch nicht mehr an die selbst auferlegte Beschränkung, von einer Emission nicht mehr als 33 Prozent zu erwerben. Daher ist die Antwort Lagardes auf insistierende Fragen stets dieselbe: Wir handeln im »Rahmen unseres Mandates« (»within our mandate«) und stehen zu jedem Zeitpunkt bereit, die Befugnisse dieses Mandats flexibel zu handhaben. Indessen bemüht sich Lagarde nicht, mit nur einem Satz zu erklären, wieso die Maßnahmen, die seit März von Seiten der EZB verkündet worden sind, etwas mit der Verteidigung der Preisstabilität in der Eurozone zu tun haben sollen. Im Klub der ihr wohlgesonnenen angelsächsischen Journalisten, besonders den Vertretern der *Financial Times* oder des *Wall Street Journal,* weiß sie sich sicher. Der Vertreter der *Financial Times,* Martin Arnold, stellt ihr um 15:14 Uhr eine Gefälligkeitsfrage und gibt sich die Blöße, sie mit »Christine« anzureden. Diese Selbstentblößung eines publizistischen Mitstreiters der *Financial Times* ist Madame Lagarde sichtlich peinlich. Doch seine Frage ist ein willkommener Anlass, erneut darzulegen, dass alles, was die EZB unternehme, dazu diene, den »Transmissionsmechanismus der Geldpolitik im Euroraum« abzusichern und Haushalte und Unternehmen während der Corona-Krise zu unterstützen. Daher auch ihr wiederholter

Hinweis darauf, dass die EZB längst nicht mit ihrem Instrumenten-kasten am Ende sei, sondern sie sowohl das Volumen der Ankaufpro-gramme als auch ihre Dauer und die Definition kaufgeeigneter Wert-papiere jederzeit zu revidieren bereit sei.

Nur in einem Punkt wird sie gegenüber dem Fragesteller präzise. Das OMT-Programm, also die Erklärung der EZB in der berühm-ten Draghi-Rede 2012, gegebenenfalls bei einzelnen Mitgliedstaaten der Eurozone unbeschränkt Anleihen bei einer entsprechend zuge-sicherten Konditionalität zu erwerben, hält Lagarde für gegenwärtig nicht zielführend. Es sei auf die Situation eines Krisenlandes gerich-tet. Währenddessen sei gegenwärtig eine Krise zu meistern, die die ge-samte Eurozone und darüber hinaus die gesamte Welt betreffe. Auch in einem anderen Punkt ist sie bemerkenswert präzise, wenngleich sie die Frage nach der Folge einer lockeren Kreditvergabepolitik so, wie sie von der EZB gefordert und von der Europäischen Kommis-sion regulatorisch ermöglicht wird, erst ganz zum Ende ihrer Presse-konferenz angeht. Gegenwärtig komme es darauf an, die Folgen der Corona-Pandemie in den Griff zu bekommen. Aber natürlich bleibe die EZB als Aufsichtsbehörde unter ihrem italienischen Chef Andrea Enria weiterhin wachsam hinsichtlich der finanziellen Stabilität der Bankensysteme.

Welche Folgen die Erklärung des Vizepräsidenten der Europäi-schen Kommission, Valdis Dombrovskis, für die Finanzstabilität ha-ben werde, wonach die Bankenregulierung locker gehandhabt wer-de, um die Kreditvergabepolitik der Banken nicht zu erschweren,[64] lässt Präsidentin Lagarde völlig unerörtert. Unübersehbar dürfte hier

---

64   Vgl. *FAZ* vom 29.4.2020: »EU-Kommission lässt Banken große Beinfreiheit«.

ein Zielkonflikt bestehen: Wer in der gegenwärtigen Krise den Banken zu viel Liquidität zu günstigen Konditionen gewährt und gleichzeitig die regulatorischen Vorsichtsmaßnahmen zur Risikoeindämmung lockert, programmiert die nächste Bankenkrise für die Jahre 2021/2022. Es dürften zwischen Kommission und EZB diesbezüglich erhebliche Meinungsunterschiede entstehen. Denn während der Chef der EZB-Bankenaufsicht Enria für eine europäische Bad Bank plädiert, weil er nach einer Mülldeponie für alle schlechten Bankenforderungen (insbesondere des italienischen Bankensektors) sucht, hält sich die Europäische Kommission zu diesem Projekt weiterhin bedeckt.

Auch beim nächsten Auftritt scheint die EZB-Präsidentin Lagarde überfordert:

Auf der Pressekonferenz, die der EZB-Ratssitzung vom 04.06.2020 folgte, kam die härteste Frage zuletzt von einem französischen Journalisten. Dieser hatte – wie es sich gehört – Christine Lagarde mit *Madame la Présidente* angeredet und sie höflich gefragt, warum sie während der Pressekonferenz die Fragen dadurch beantworte, dass sie vorgefertigte Manuskripte ablese. Zwar war auch durch diese Frage das Selbstbewusstsein der EZB-Präsidentin kaum zu brechen. Doch dass die Kommunikationsstrategie von Madame Lagarde gerade aus ihrem Herkunftsland hinterfragt und ihre Unsicherheit bloßgestellt wurde, schien ihr alles andere als angenehm. Daher wusste sie sich auch nicht anders zu helfen, als trotzig auf ihr Recht zu pochen, zur Feinjustierung ihrer Kommunikation Texte abzulesen.

Alle Zuhörer hatten die Stoßrichtung der Hinterfragung des AFP-Journalisten verstanden. Einmal mehr wirkte Christine Lagarde fachlich von den gestellten Fragen überfordert. Gewiss versteht sie es, Englisch mit einem forciert englischen Akzent zu sprechen. Diese phonetische Anstrengung für eine Französin ist auch nach vielen Jahren der Erfahrung in Amerika immer noch lobenswert. Doch in der Sache zeigte die Dame von Welt mit den Pariser Manieren erhebliche Unsicherheiten. Warum weniger als drei Monate nach dem Start des PEPP – also des pandemischen Nothilfe-Anleihenkaufprogramms – dasselbe um ein halbes Jahr verlängert werden müsse und um sage und schreibe 600 Milliarden Euro aufgestockt wird, vermochte die EZB-Präsidentin genauso wenig zu beantworten wie die Frage eines italienischen Journalisten: Werde denn diese Aufstockung im Ergebnis angesichts der gegenwärtigen monatlichen Kaufsummen ausreichen? Am Vortag hatte die EZB die Volumina der im Rahmen des PEPP-Programms erworbenen Anleihen veröffentlicht. Wer innerhalb von zwei Monaten Laufzeit des PEPP bereits ein Volumen von 233 Milliarden Euro-Geld schöpft, um Staatsanleihen zu kaufen, der ist noch vor Ende des Jahres bei einem derartigen monatlichen Kaufrhythmus an der Obergrenze von 750 Milliarden Euro angelangt. Daher war niemand darüber verwundert, dass eine Aufstockung des PEPP auf insgesamt 1,35 Billionen Euro verkündet wurde. Rätselhaft bleibt nach der evasiven Kommunikation der EZB-Präsidentin: Was meint die Europäische Zentralbank damit, dass das Programm – zeitlich flexibel – über unterschiedliche Klassen von Vermögenswerten und unterschiedliche Länder gehandhabt werde? Bisher war aus den veröffentlichten Zahlen nur deutlich geworden, dass der Kapitalschlüssel, der allen bisherigen Aufkaufprogrammen zugrunde gelegt worden ist, nicht mehr eingehalten wird. Ob damit – wie das Urteil auch des Europäischen Gerichtshofs vom 11.12.2018 nahelegt – die Grenze zur verbotenen monetären Staatsfinanzierung gemäß Art. 123

AEUV überschritten worden ist, wagte keiner der Hof-Journalisten zu fragen. Solche Hinterfragungen gelten bei den Pressekonferenzen von Lagarde als ungehörig.

Dafür spielte das Urteil des Bundesverfassungsgerichts zum PSPP vom 5.5.2020 eine umso größere Rolle. Gleich dreimal wurde Frau Lagarde hierzu mit der Frage konfrontiert, was die EZB hierauf zu antworten gedenke. Und dreimal las sie wie eine Nachrichtenspre-cherin des DDR-Fernsehens denselben Text ab. Sie wies darauf hin, dass – wie bereits aus anderen Stellungnahmen bekannt – die EZB der Meinung sei, nur der Rechtsprechung des EuGH zu unterliegen, dass sich das Bundesverfassungsgerichtsurteil vom 5.5.2020 lediglich an Bundesregierung und Bundestag wende und sie zuversichtlich sei, eine befriedigende Lösung zu finden, die den Vorrang des europäi-schen Rechts und die Unabhängigkeit der EZB garantiere.

Natürlich durfte auch die Frage des *Financial Times*-Statthalters in Frankfurt, Martin Arnold, nicht fehlen. Genau um 15:03 Uhr gab er in der gewohnten Vertrautheit mit seiner Gesinnungsgenossin La-garde dieser erneut Gelegenheit, sich zum BVerfG-Urteil zu äußern. Dass er – wie bereits in den vorherigen Konferenzen – die EZB-Präsi-dentin mit ihrem Vornamen anredete, enthüllte einmal mehr die be-sondere Affinität zwischen EZB und dem Flaggschiff des angelsächsi-schen Finanzjournalismus. Selbstredend durfte bei Lagarde auch der Diskurs über die unzureichend hohe Inflationsrate nicht fehlen. Dass in den letzten zwei Monaten vor der Pressekonferenz – nicht zuletzt wegen der niedrigen Energiepreise – die Referenz-Inflationsrate 0,1 und 0,2 Prozent pro Monat betrug, hätte indessen einer verständigen Auseinandersetzung bedurft. Wie soll bei einer Rezession von his-torischem Ausmaß – mit einem erwarteten Rückgang des Bruttosozialproduktes in der Eurozone von circa 9 Prozent im Jahre 2020 – die Inflationsrate anders als in den letzten beiden Monaten ausfallen?

Auffallend unprofessionell waren die Ausführungen der Präsidentin zur Ermutigung der Banken, ihre Kreditlinien gegenüber Unternehmen und Haushalten auszudehnen. Wie kann die Chefin einer Zentralbank eine solche Empfehlung aussprechen, zumal die EZB gleichzeitig die Bankenaufsicht ausübt und in jenem Zeitpunkt absehen konnte, dass die Ausfallrate der Kreditrisiken bei den europäischen Kreditinstituten spätestens im Jahre 2021 dramatisch steigen würde?

Gewiss, Madame Lagarde versteht es, ihre fachlichen Defizite durch geschickte Vorbereitung der schriftlichen Antworten zu übertünchen und nach außen hin ein operatives Selbstbewusstsein an den Tag zu legen, das angesichts ihrer realen Kompetenz Erstaunen hervorruft. Doch sind die Ansagen der EZB-Präsidentin immer mehr ein Eingeständnis nicht nur ihrer fachlichen Lücken. Mehr noch: Sie gesteht, dass die EZB kaum noch über strategische Reserven verfügt. Die Stunde der Wahrheit kommt. Sie wird auch für Madame Lagarde kommen. Zwar insistiert sie darauf, dass im EZB-Rat permanent über die Effizienz der geldpolitischen Instrumente diskutiert werde. Doch wissen nicht nur Insider, wie die Machtverhältnisse im EZB-Rat sind und welcher Einfluss den traditionellen Hartwährungsländern noch verblieben ist. Die Geldschöpfungsbombe tickt und Madame Lagarde spielt weiter »va banque«. Es dürfte über kurz oder lang ein für alle Europäer teures Erwachen geben.

Auf der Pressekonferenz des 16.7.2020, die dem EZB-Rat folgte, hatte die Präsidentin der EZB wenig zu verkünden und noch weniger zu erzählen. So berichtete sie den virtuell versammelten Journalisten, die allesamt durch zahme Fragen auffielen, dass der EZB-Rat die gegenwärtige Zins- und Aufkaufpolitik fortsetze. Dabei war nicht nur das neue rosafarbene Kostüm auffällig, sondern auch die Ängstlichkeit der französischen EZB-Präsidentin, mit der sie sich an den Text ihres Einführungsreferates klammerte. Diesmal wollte sie spontanen Äußerungen und ihrer Kontrolle durch ein kritisches Publikum nicht auf den Leim gehen. Also hielt sie sich an das, was der EZB-Apparat ihr aufgeschrieben hatte. So entstand der Eindruck, dass sie nichts weiter tat, als den vorgefertigten Text den versammelten Journalisten vorzulesen. Welch ein Unterschied zu dem souveränen Draghi!

Bei der Frage nach der Beachtung des Kapitalschlüssels im Rahmen der Aufkaufprogramme legte sie Wert auf die Feststellung, dass die »Flexibilität« ein Kennzeichen des PEPP sei und sich in diesem Punkt vom PSPP unterscheide.[65] Ob und wann die Abweichungen vom Kapitalschlüssel wieder kompensiert werden könnten und sollten, ließ sie bewusst offen. Alles schien vom EZB-Apparat bestens vorbereitet. Dazu gehörte auch, dass Anleihen sowohl von Italien als auch von Deutschland überproportional erworben wurden. Wie eine gute Fee schien Lagarde alles geregelt zu haben. Der Hinweis darauf, dass die Abweichung vom Kapitalschlüssel nicht nur Italien, sondern auch Deutschland im vergangenen Monat begünstigt habe, war po-

---

65 Die Beachtung des Kapitalschlüssels beim Anleihenkaufprogramm soll sicherstellen, dass die Zentralbanken des Eurosystems entsprechend ihres Anteils an der EZB Anleihen erwerben, sodass in keinem Fall mehr Staatsanleihen eines Landes vom Eurosystem erworben werden als seiner Beteiligung an der EZB entspricht. Hinsichtlich des PSPP irrte Lagarde aber oder führte das Publikum gar hinters Licht. Denn aus der Studie Havlik/Heinemann, Magnitudes and Capital Key – Divergence of the PSPP/PEPP Purchases – Update December 2020, ZEW Expert Brief Nr. 16 vom 8.12.2020, ergibt sich unwiderlegbar, dass italienische Anleihen beim PSPP weit überproportional vom Eurosystem erworben wurden.

litisch zielgerichtet: »Seht doch, selbst Deutschland mit seinen sperrigen Widerständlern profitiert übermäßig vom PEPP.« Dieser Hinweis fiel nicht vom Himmel. Warum achtet selbst die Bundesbank unter Weidmann nicht auf die strikte Beachtung der Kapitalschlüssel, um dem Verbot der monetären Staatsfinanzierung gem. Art. 123 AEUV zu entgehen? Ganz einfach: Um bei zukünftigen Rechtsstreitigkeiten den aus Deutschland kommenden Vorwurf, das PEPP verletze das Verbot der monetären Staatsfinanzierung (weil es entgegen der Postulate des Europäischen Gerichtshofs in seinen Urteilen zu OMT und PSPP den Kapitalschlüssel nicht beachte), mit dem Hinweis auf die fiskalischen Vorteile auch für Deutschland kontern zu können! Warum lässt es sich Bundesbankpräsident Weidmann gefallen, bei seiner Aufkaufpolitik von Lagarde in einem Zuge mit Italien genannt zu werden?

Die Begründung des Volumens der anhaltenden Aufkaufpolitik, das alle bisherigen Rekorde sprengt, fiel im Übrigen sehr dürftig aus. Lagarde repetierte das, was sie in den vorangegangenen Konferenzen bereits heruntergespult hatte. Es ginge um die Belebung der zu niedrigen Inflation sowie um die »Entstörung der Transmissionskanäle« der Geldpolitik. Wer vermag solchen Allgemeinplätzen, die seit Jahren aus dem Munde der EZB-Oberen zu hören sind, ohne dass sich die Inflation signifikant geändert hat, noch Glauben zu schenken?

Es ist ein Symptom des Verfalls der EZB, dass an ihrer Spitze eine Dame steht, die außer wechselnden Aufmachungen nichts zu bieten hat. Sie ist eigentlich noch weniger als eine Vorleserin. Bestenfalls eine Märchentante. Denn von Ökonomie im Allgemeinen und Geldpolitik im Besonderen hat Madame Lagarde keinen blassen Schimmer. Wie konnte die Bundesregierung dieser Personalie jemals zustimmen?! Die Bundeskanzlerin hatte hinreichend fachliche Gründe, um Macrons Kandidatin – eine Dilettantin auf dem Gebiet der Geldpolitik – kategorisch abzuweisen. Denn auch im IWF machten die Profis über Madame Lagarde und ihre Kombination aus Pariser Manieriertheit und fachlicher Inkompetenz süffisante Scherze. Schließlich gelang es ihr nur, den IWF-Job zu ergattern, weil Dominique Strauss-Kahn, nachdem er an privaten Umständen während seiner Amtszeit gescheitert war, durch einen Franzosen ersetzt werden sollte. Eine Quotenkandidatin also.

Am 10.12.2020 wurde erwartungsgemäß das Pandemische Notankaufprogramm (PEPP) um einen Betrag von 500 Milliarden Euro erweitert und bis mindestens Ende März 2022 verlängert. Die EZB ermächtigt sich gleichzeitig, darüber zu entscheiden, wann es endet beziehungsweise ob und wie es inhaltlich erneut geändert wird. Die Deutschen schauen dem Geschehen um die EZB fast ohnmächtig zu. Dies sei Europa, der Deutschen Heil und Zukunft, predigen die Vertreter der öffentlich-rechtlichen Medien. Wer indessen in Deutschland die Stimme erhebt, um vor dieser Selbstaufgabe zu warnen und grundsätzliche Zweifel am Kurs der EZB äußert, wird als Nationalist und Feind Europas verleumdet.

Vermag das Bundesverfassungsgericht die Allmacht der EZB einzuzäunen?

Im Verlauf der zahlreichen Eurorettungsmaßnahmen wurde die Geduld des Bundesverfassungsgerichts häufig auf die Probe gestellt. Im Ergebnis winkte es alle Programme durch, sogar das OMT-Programm, und zwar trotz offenkundiger Zweifel an der Rechtmäßigkeit des EuGH-Urteils von 2015. So wurde das Urteilsmuster »Ja, aber« gemeinsamer Bestandteil nahezu aller Entscheidungen des

Bundesverfassungsgerichts in Euro-Fragen. Immerhin wurde diese Zustimmung zu den unterschiedlichen Eurorettungsoperationen an strenge Bedingungen geknüpft: Alle Rettungsoperationen, die die Haushaltsbefugnisse des Bundestags beeinflussen (haushaltsrechtlicher Einschlag), mussten die finanzielle Inanspruchnahme Deutschlands absehbar begrenzen und zuvor dem Deutschen Bundestag vorgelegt werden. Andernfalls konnten sie nicht wirksam werden. Mehr noch: Alle wesentlichen Akte der europäischen Institutionen – dazu zählt auch die EZB – müssen vom Bundestag und der Bundesregierung überwacht werden (Integrationsverantwortung). Bei allen Maßnahmen von EU-Hoheitsträgern, die von den Ermächtigungen europäischen Rechts gegebenenfalls nicht gedeckt waren, oder sogar die Ermächtigungsgrundlagen der Verträge offenkundig und strukturell überschritten, sah sich das Bundesverfassungsgericht berechtigt und verpflichtet, nach vorheriger Konsultation des Europäischen Gerichtshofs derartige Maßnahmen als Ultra-vires-Akte in der deutschen Rechtsordnung für unwirksam zu erklären. Die unzureichende Ausübung der Integrationsverantwortung von Bundestag und Bundesregierung bei Ultra-vires-Akten begründet das Recht auf Verfassungsbeschwerde.

Nach sehr substantiellen Zweifeln gegenüber dem OMT-Urteil des Europäischen Gerichtshofs hat nun das Bundesverfassungsgericht in seinem PSPP-Urteil vom 5.5.2020 den Rubikon überschritten. Mit einer ausgefeilten Argumentation und scheinbar aus vollem Herzen legte es in seinem Urteil die schweren Versäumnisse des EuGH-Urteils vom 11.12.2018 dar. Diese bestanden darin, den Grundsatz der Verhältnismäßigkeit, der im Europarecht genauso wie im Grundgesetz gilt, nicht hinreichend in Betracht gezogen zu haben. Verhältnismäßigkeit bedeutet eine Prüfung der Geeignetheit und Erforderlichkeit des Staatsanleihenkaufprogramms PSPP. Eine solche Prüfung hätte darlegen müssen, warum nach jahrlangen Anleihenkäufen mit bis zu 2,2 Billionen Ankaufvolumen keine signifikante Veränderung der Inflationsrate – allerdings problematische Nebenwirkungen für Sparer und Versicherer – eingetreten war. So hätte nicht nur die EZB, sondern auch der Europäische Gerichtshof diese Ankaufpolitik einer kritischen Prüfung hinsichtlich der Geeignetheit unterwerfen müssen, statt der EZB einen Ermessensspielraum bei der Verfolgung einer Politik zuzugestehen, die mit eventuell ungeeigneten Instrumenten, aber mit gewiss nachteiligen Wirkungen verbunden war.

In einem Akt pionierhaften Mutes hat das Bundesverfassungsgericht die Begründung des EuGH-Urteils vom 11.12.2018 als »nicht mehr nachvollziehbar« bezeichnet und es als einen Ultra-vires-Akt qualifiziert, der somit in der deutschen Rechtsordnung keine Bindungswirkung entfaltet. Der institutionelle Konflikt zwischen Luxemburg und Karlsruhe wurde offenkundig und könnte in der Zukunft explosiv werden. Die EZB kann nicht länger behaupten, dass sie der Jurisdiktion des Bundesverfassungsgerichts nicht unterliege. Denn in dem Maße, wie die Richter in Karlsruhe die Urteile des Europäischen Gerichtshofs für null und nichtig erklären, können sie selbst über die Vereinbarkeit der EZB-Politik mit ihrem Mandat in europäischen Verträgen entscheiden.

Das Urteil des Bundesverfassungsgerichts ist wegen der unterlassenen Ausübung der Integrationsverantwortung eine schallende Ohrfeige für Bundestag und Bundesregierung. Deren verantwortliche Ausübung ist nach Meinung des Bundesverfassungsgerichts als unzureichend einzuordnen, weil die Integrationsverantwortung die Pflicht umfasst, als deutsche Verfassungsorgane den Integrationsprozess – dazu gehört auch die EZB-Politik – genauestens zu verfolgen. Durch Qualifizierung des PSPP als unvereinbar mit Europarecht und damit als Ultra-vires-Akt hat das Bundesverfassungsgericht beide deutsche Verfassungsorgane – unausgesprochen – der Nachlässigkeit geziehen.

Warum haben beide Institutionen jahrelang tiefschlafen wollen, statt sich gegen die Ankaufpolitik der EZB zu wehren oder diese auch nur regelmäßig zu überprüfen? Das Bundesverfassungsgericht hätte derartige Fragen den Repräsentanten von Bundestag und Bundesregierung während der mündlichen Verhandlung stellen können und müssen, als beide Institutionen wenig überzeugend argumentierten, dass das Ankaufprogramm sich noch innerhalb der Grenzen des EZB-Mandats bewege. Die Bundesbank unterstützte diese Ansicht sogar in der mündlichen Verhandlung am 30./31.7.2019. Fünf Jahre nach dem Start des Anleihenkaufprogramms werden Bundesregierung, Bundestag und Bundesbank vom Bundesverfassungsgericht aufgefordert, darauf hinzuwirken, dass der EZB-Rat in einem »neuen Beschluss nachvollziehbar darlegt«, dass das PSPP-Programm verhältnismäßig sei. Gelänge dies nicht, sei die Bundesbank – nach einer Übergangsperiode von drei Monaten seit Erlass des Urteils – nicht länger ermächtigt, Nettoanleihenkäufe zu tätigen. Ferner sei sie verpflichtet, ihren Bestand an Anleihen langfristig zu veräußern.

Nur jemand, der mit Kapitalmärkten nicht vertraut ist, wagt es, solche Vorschläge zu machen. Abgesehen von der ökonomischen Machbarkeit derartiger Aufforderungen durch das Bundesverfassungsgericht werden auf diese Weise institutionelle Konflikte provoziert. Wie wird der Bundestag mit dem EZB-Rat reden? Und wie kann eine deutsche Bundesregierung den EZB-Vorstand im Sinne einer Nachprüfung des PSPP beeinflussen, obwohl die EZB in den europäischen Verträgen als unabhängig konstruiert worden ist? Wenn nun Bundesregierung, Bundestag und Bundesbank den Arbeitsauftrag aus Karlsruhe ernst nehmen, gibt es einen institutionellen Konflikt. Wenn nicht, wird nur eine lauwarme Lösung à la Merkel helfen, sodass alle ihr Gesicht wahren. Aber eine derartige gesichtswahrende Lösung würde das Urteil des Bundesverfassungsgerichts entwerten. Irgendjemand wird in dieser Situation also der Verlierer sein müssen. Das Ende des Eurosystems ist nicht nahe. Aber die Folgen des historischen Urteils vom 5.5.2020 könnten der Beginn seiner unaufhaltsamen Agonie sein.

Die Reaktionen auf das EZB-Urteil des Bundesverfassungsgerichts lassen Schlimmes befürchten. Dass die unbedingten Unterstützer der EZB aus nah und fern mit dem Urteil des Bundesverfassungsgerichts vom 5.5.2020 ihre Schwierigkeiten haben würden, konnte man unschwer voraussehen. Zu sehr hatte sich der Chefvolkswirt des Bankhauses Berenberg, Dr. Holger Schmieding, bereits im Vorfeld auf eine Einordnung des verfassungsgerichtlichen Urteilsspruchs festgelegt. In einer Notiz vom 28.4.2020 meinte Schmieding zu wissen, dass es der Zweite Senat des Bundesverfassungsgerichts – trotz vieler kritischer Fragen desselben in der mündlichen Verhandlung vom 30.7./31.7.2019 – bei einer restringierenden Handhabung des PSPP-Programms in seinem Urteil belassen würde. Nach dem unerwarteten Urteilsspruch vom 5.5.2020 hatte Dr. Schmieding bereits am Folgetag eine Lösung parat. Alles sei nur eine Frage der Kommunikation. Die EZB müsse ihre Analysen und Politikvorschläge besser vermitteln. Dass in keinem der dem PSPP-Programm zugrundeliegenden Beschlüsse auch nur ansatzweise eine ökonomische Analyse oder Bewertung zu finden ist, war Schmieding scheinbar nicht aufgefallen. Noch bemühter um eine wogenglättende Interpretation des Karlsruher Urteilsspruchs war Stefan Bielmeier. Bielmeier, damaliger Chefökonom der DZ Bank und immerhin Vorsitzender des wichtigen Berufsverbandes DVFA ließ sich von der *FAZ* damit zitieren, er meine, die EZB würde zur Verhältnismäßigkeit des PSPP-Programms Begründungen nachliefern: »Ich glaube, dass die EZB konstruktiv mit dem Urteil umgehen wird.«[66] Aus einem anderen Medium lässt sich präziser entnehmen, in welcher Form die EZB den konstruktiven Dialog suchen sollte. So meinte Bielmeier in der *SZ*: »Man könnte auf alte Monatsberichte, Reden und Interviews verweisen, in denen die EZB ihre Maßnahmen erklärt hat.«[67] Für derartige Ratschläge, die das Urteil aus Karlsruhe entkräften sollen und aus dem EZB-Tower hätten kommen können, ist Madame Lagarde gewiss dankbar. Auf die Kollaboration des deutschen Finanzestablishments in Gestalt von Stefan Bielmeier ist Verlass. Die wohlfeilen Beziehungen zur EZB-Spitze sind für den Finanzfunktionär Bielmeier wichtiger als die Verteidigung der deutschen Verfassungsordnung.[68]

Unübertroffene Schützenhilfe gegen das Bundesverfassungsgericht leistete die *Financial Times*. Die Salven, die vom *FT*-Korrespondenten Martin Arnold gegen die Richter in Karlsruhe abgeschossen wur-

---

66 So Bielmeier in der *FAZ* vom 7.5.2020, S. 27: »Die EZB wird sich beugen«.

67 *Süddeutsche Zeitung* vom 6.5.2020: »Die EZB steckt zwischen den Fronten«.

68 Dies passt zum Opportunismus eines Mannes, der zum Wirecard-Skandal keine Worte finden wollte, stattdessen einen subalternen Funktionsträger der DVFA zur Stellungnahme vorschickte.

den, waren von beeindruckender Parteilichkeit.[69] Die Zeitung, früher ein Flaggschiff unbeugsamen, unabhängigen Journalismus, scheint sich in eine externe Kommunikationsagentur der EZB verwandelt zu haben, als sie die Europäische Kommission aufforderte, gegen Deutschland ein Vertragsverletzungsverfahren einzuleiten. Frau von der Leyen nahm diese Anregung dankbar auf und prüft seitdem die Begründetheit eines solchen Schrittes.

Während die eindeutige Aufforderung des Bundesverfassungsgerichts im Urteil vom 5.5.2020, im Rahmen eines erneuten EZB-Beschlusses die Verhältnismäßigkeit des PSP-Programms näher darzulegen, in einer kollusiven Anstrengung von Bundestag, Bundesregierung und Bundesbank verwässert wird, lassen die europäischen Instanzen nicht locker. Der Generalanwalt vom Europäischen Gerichtshof, Evgeni Tanchev, nutzte sein Gutachten zu einer zwischen Polen und der Europäischen Kommission streitigen Rechtsfrage, um den Vorrang des europäischen Rechtes klarzustellen[70].

Er fordert für den Europäischen Gerichtshof imperativ das Recht des letzten Wortes. Dies, so Tanchev, sei im System der justizmäßigen Gewaltenteilung zwischen Europäischem Gerichtshof und nationalen Obergerichten angelegt. Wenn diese Kernvorschrift des Art. 19 EVU (Vertrag über die Europäische Union) nicht respektiert werde, würde das gesamte europäische Rechtssystem zusammenbrechen. Zwar sind die Anträge des Generalanwalts beim Europäischen Ge-

---

69 Zwischenzeitlich stellte ein geharnischter Brief unter Führung von Mitgliedern des House of Lords an *FT*-Herausgeberin Roula Khalaf die Entgleisungen des Frankfurter Büros der *FT* bloß.

70 Vgl. die Rechtssache C 824/18, Presseveröffentlichung Nr. 171/20 vom 17.12.2020 sowie auch die Schlussanträge des Generalanwalts Evgeni Tanchev vom selbigen Tag.

richtshof nur von gutachterlicher Bedeutung. Der Gerichtshof kann ihnen folgen, muss dies aber nicht tun. Indessen ist die politische Signifikanz der Äußerung von Tanchev unübersehbar. Der renommierte Bundestagsabgeordnete und Kenner der Materie, Prof. Heribert Hirte, wies auf das Gewicht der Worte des Generalanwalts hin, relativierte indessen dieselben unter Hinweis auf den Umstand, dass sie niemals Teil eines Urteils sind. Währenddessen hielt sein jakobinischer Kollege aus dem europäischen Parlament, der Grünen-Abgeordnete Giegold, eine Klärung der Frage, wer das letzte Wort habe, für unerlässlich.

Die Europäische Kommission scheint über den Vorstoß des Generalanwalts entzückt zu sein. Sie konnte im Nachgang zu dessen Äußerungen verkünden, dass die Frage eines Vertragsverletzungsverfahrens gegen die Bundesrepublik Deutschland aufgrund des Urteils des Bundesverfassungsgerichts vom 5.5.2020 weiterhin erwogen werde. Dies ist erstaunlich, um es höflich zu formulieren. Denn es wäre das erste Mal, dass das Urteil eines nationalen Verfassungsgerichtes, das in völliger Unabhängigkeit nationales Verfassungsrecht auslegt, zum Anlass für ein Vertragsverletzungsverfahren gegen ein Mitgliedsland genommen wird.

Will die Europäische Kommission allen Ernstes die Bundesregierung dazu zwingen, gegen das Bundesverfassungsgericht vorzugehen, während sie im Verhältnis zu Polen permanent die Einmischung der polnischen Regierung in die polnische Justiz moniert?

Im Übrigen scheinen die Damen und Herren Kommissare, insbesondere Frau von der Leyen, überhaupt nicht zu wissen, dass nach Art. 4 Abs. 2 AEUV die europäischen Verträge nur nach Maßgabe der nationalen Verfassungsidentität gelten. Zu dieser Verfassungs-

identität gehört in Deutschland die Existenz einer Verfassungsgerichtsbarkeit mit der ihr zustehenden Kompetenz zur Auslegung des
nationalen Verfassungsrechts.

All den Schnellschüssen gegen das Verfassungsgerichtsurteil vom
5.5.2020 ist gemeinsam, dass sich ihre Autoren nicht die Mühe gemacht haben, das Urteil genau zu studieren. So fordert das Bundesverfassungsgericht nicht etwa den EZB-Rat zu etwas auf und gewiss
nicht lediglich zum Nachliefern von Dokumenten wie makroökonomischen Analysen. Vielmehr ist die fortgesetzte Mitwirkung der Bundesbank an bestandserweiternden Käufen im PSPP an die Vornahme
eines Beschlusses des EZB-Rates gebunden, der nachvollziehbar darlegt, dass die mit dem PSPP angestrebten währungspolitischen Ziele nicht außer Verhältnis zu den damit verbundenen wirtschafts- und
fiskalpolitischen Auswirkungen stehen.[71]

Hieraus wird deutlich, dass es einer Klarstellung, die EZB unterliege nicht der Jurisdiktion des Bundesverfassungsgerichts, gar nicht
bedurft hätte. Eine solche hat das Bundesverfassungsgericht zu keinem Zeitpunkt beansprucht. Entscheidend kommt es indessen auf
den Präsidenten der Bundesbank an. Er muss sich gegenüber dem
Bundesverfassungsgericht rechtfertigen, wenn er auch drei Monate
nach dem Urteil an dem PSPP-Programm bestandserweiternd – also durch Nettokäufe – teilnehmen will, ohne dass ein entsprechender EZB-Beschluss mit den genannten inhaltlichen Anforderungen
getroffen worden ist. Der EZB-Beschluss lässt auf sich warten. Dennoch kauft die Bundesbank unter Dr. Weidmann weiter Staatsanleihen auf.

---

71   Vgl. Bundesverfassungsgericht, Urteil vom 5.5.2020, Randziffer 235.

Mit dem von DVFA-Chef Bielmeier gepriesenen konstruktiven Dialog zwischen EZB-Rat und Bundesverfassungsgericht ist es also nicht getan. Im Übrigen zeigt die EZB mit all ihren wissenschaftlichen Helfershelfern und journalistischen Kollaborateuren, was sie von einem konstruktiven Dialog mit deutschen Verfassungsorganen hält. Die Vorschläge von Bielmeier liegen daher nicht nur sachlich daneben. Vielmehr enthüllen sie eine geradezu peinliche Unkenntnis der Rechtslage und eine krasse Fehleinschätzung der EZB. Wie lange wird die DVFA derart sachunkundige Parteigänger der EZB noch an ihrer Spitze dulden?

Im Übrigen wird Bielmeiers Aufforderung zum konstruktiven Dialog von Frau Lagarde bereits auf ihre Weise beantwortet. Dass sie weiterhin die Meinung vertritt, das Bundesverfassungsgericht habe der EZB nichts zu sagen, ist sogar formal zutreffend, zumal sich das Bundesverfassungsgericht gar nicht direkt an die EZB gewandt hat. Aber Lagardes Ermahnung der Bundesbank, Präsident Weidmann müsse der EZB – und nicht dem Bundesverfassungsgericht – gehorchen, zeigt, dass der in Art. 4 Abs. 2 EVU geforderte Respekt der europäischen Unionsgewalten vor der verfassungsrechtlichen Ordnung der Mitgliedstaaten nicht ernst genommen wird, jedenfalls nicht von Madame Lagarde. Sie will die Bundesbank – den wichtigsten Gesellschafter der EZB – zu einer Filiale der EZB machen. Der frühere Merkel-Berater Weidmann wird sich entscheiden müssen, ob sein Verfassungsgehorsam größer ist als seine kollegiale Loyalität gegenüber Madame Lagarde. Seine Rechtsberater werden ihn gewiss schon darauf hingewiesen haben, dass das Urteil vom 05.05.2020 gem. § 31 Bundesverfassungsgerichtsgesetz die Bundesbank bindet und von dieser Bindung kein Dispens, schon gar nicht durch die Anmaßungen von Madame Lagarde, erteilt werden kann. Im Übrigen dürfte Herr Dr. Weidmann aus der Vergangenheit wissen, was Madame Lagarde von rechtlichen Regeln hält. Sie hatte 2010 stolz verkündet: »Wir haben den Euro gerettet und die europäischen Verträge gebrochen.« Als dann das Bundesverfassungsgericht in einer Reihe von Verfassungsbeschwerden die diversen Eurorettungsfonds auf ihre Verfassungsgemäßheit überprüfte, erklärte die damalige französische Finanzministerin: »Wenn ich noch einmal das Wort Bundesverfassungsgericht höre, werde ich den Raum verlassen!«

Nun wird es spannend. Denn es steht mehr auf dem Spiel als ein Verfassungsgerichtsurteil. Es geht vielmehr um den Fortbestand des deutschen Verfassungsstaates, den die Europäischen Verträge ausdrücklich in Art. 4 Abs. 2 AEUV anerkennen.

5. KAPITEL

STATT DEUTSCHER INTERESSEN:
DER GLAUBE AN EUROPA, DIE EU-KOMMISSION
UND IHRE PRÄSIDENTIN

Keine Woche, kein Tag vergeht, ohne dass die Figuranten deutscher Parteipolitik ihr Bekenntnis zu Europa repetierend und stillos von sich geben.

Die vulgär-flammenden Appelle des abgewickelten Ex-SPD-Hoffnungsträgers Schulz sind zwar verschallt. Doch aus dem Auswärtigen Amt, das diesen Namen immer weniger zu Recht trägt, hört man von Staatsminister Roth inflationäre Glaubensbekenntnisse zum Brüsseler Integrationsapparat. Dass die Nutznießer europäischer Integration im Europäischen Parlament und in der EU-Kommission das hohe Lied von Europa anzustimmen wissen, ist fast verständlich. Indes von den Repräsentanten nationaler Instanzen wie Bundestag und Bundesministerien nur noch Lobgesänge auf die Abdankung Deutschlands als selbstbestimmte Nation im Namen Europas zu hören, erstaunt oder stimmt zumindest nachdenklich. Jedenfalls sind die Elogen auf »mehr Europa« und »weniger Deutschland« Ausdruck einer Lust am Untergang, deren Ursachen der psychohistorischen Erforschung harren.

Vom langjährigen Finanzminister Schäuble sind wir gewohnt zu hören, dass der Nationalstaat ausgedient habe und nicht mehr über die hinreichende Gestaltungskraft verfüge, um internationale Her-

ausforderungen zu bewältigen. Schäuble setzt nun aus der zurück-
gesetzt-repräsentativen Position des Bundestagspräsidenten seine Bemühungen um die Demontage Deutschlands als souveräne Nation
fort. Doch sein jüngster Appell[72] scheint selbst in Frankreich zu ver-
hallen. Das Lieblingsland Schäubles, das ihn mehrfach ausgezeich-
net hat und dessen Politiker-Klasse seine Reden auf Schulfranzösisch
nicht nur erträgt, sondern hierfür auch höflich Beifall spendet, will
keine politische Union mit Deutschland. Es will – wer kann ihm das
verdenken – nichts anderes als über sich selbst bestimmen und gleichzeitig bei den deutschen Dingen mitreden. Dies scheint der Pariser
Elite aufgrund der Merkelschen Frankreich-Zugewandtheit und der
Integration der Kommissionspräsidentin von der Leyen in die Pariser
Politik bislang glänzend zu gelingen.

Ob die weitere Integration Europas im Interesse Deutschlands,
der deutschen Demokratie und seiner Bürger liegt, fragt grundsätz-
lich niemand oder stellt es gar in Zweifel. Dabei würde das rück-
haltlose Nachdenken hierüber lohnen. Schon jetzt sind die Handlungsparameter Deutschlands in vitalen Fragen seiner Existenz
als Handelsnation extrem eingeschränkt. Wollte Deutschland mit
Großbritannien über einen bilateralen Binnenmarkt zwischen beiden Ländern auch nur verhandeln, müsste es zuvor die EU fragen.
Für derartige Abkommen ist nicht das deutsche Interesse, sondern
die politische Einschätzung der EU-Kommission maßgebend. Sie
und nicht das Bundeswirtschaftsministerium oder gar der Bundeskanzler würden hierüber verhandeln, wenn es denn überhaupt gelänge, ein solches Projekt aus der Taufe zu heben. Wohl gemerkt:

---

72   Wolfgang Schäuble, Aus eigener Stärke, *FAZ* vom 6.7.2020.

Noch vor Abgabe der Kommissionsentscheidung über eine solche bilaterale Handelsunion zwischen Großbritannien und Deutschland würde Frankreich sich zu Wort melden, um ein solches Unterfangen als »uneuropäisch« oder gar »antieuropäisch« zu geißeln. Angesichts der Wirkmächtigkeit des französischen EU-Diskurses in deutschen Medien würde das Projekt in der Tradition deutscher Rückzugspolitik gegenüber Frankreich schnell ad acta gelegt werden. Und zwar noch bevor es ernsthaft begonnen worden wäre. Denn Frankreich beansprucht Definitionsmacht über das, was Europa ist. Wohlwissend, dass die Deutschen es nicht wagen, dem, was von Europas führender Nation, Frankreich, als europäisch definiert wird, zu widersprechen.

Dies gilt auch für den Brexit. Die Bedingungen des Austritts des Vereinigten Königreichs werden von dem fast 70-jährigen Franzosen Michel Barnier mit Wirkung für die Europäische Union ausgehandelt. Nichts qualifiziert Monsieur Barnier fachlich für diese Aufgabe, insbesondere nicht seine mangelhaften Fremdsprachenkenntnisse. Die Bundesrepublik Deutschland, angewiesen wie kein anderes Land der EU auf einen freien Außenhandel, muss zusehen, wie die künftigen Terms of Trade mit Great Britain von einem dem französischen Merkantilismus verhafteten Politiker, der felsenfest an seine Mission glaubt und vom Brüsseler Establishment bedingungslos unterstützt wird, ausgehandelt werden.

Die Ohnmacht deutscher Außenhandelspolitik wurde in den letzten Tagen des Jahres 2020 durch das Verhandlungsgebaren der EU beim Brexit veranschaulicht. Der von Jean-Claude Junker ernannte Chefunterhändler Barnier, ein Mann, der sich in den komplexen technischen Fragen des Brexit mitnichten auskennt, dafür aber wie wenig andere den Pariser Machtanspruch verkörpert, verhandelte vier Jahre lang mit den Briten im Namen Europas – und mit Wirkung für Deutschland. Es schien alles auf der Kippe zu stehen, und dies war nicht wenig. Denn für alle Beteiligten ging es darum, einen ungeregelten Brexit und damit die völlige Unmöglichkeit, ohne komplexe Zollabfertigung Waren und Dienstleistungen zwischen Großbritannien und Kontinentaleuropa auszutauschen, zu vermeiden.

Schließlich hakte es bei den Fischfangquoten: Frankreichs Fischer nahmen daran Anstoß, dass Großbritannien im Rahmen der Wiedererlangung seiner vollständigen Souveränität diese auch für seine Hoheitsgewässer und Fischfangrechte beanspruchte.

Nichts ist Franzosen so unerklärlich wie dass das, was sie für sich beanspruchen, auch von anderen Staaten eingefordert wird: Souveränität. Dass an der mehr als 1500 km langen Küste, die Frankreich umsäumt, nicht genug Fischgründe für französische Fischer verblieben, ist kaum denkbar. Dennoch führte die britische Forderung nach der Rekonstituierung originärer Fischereirechte zu allergrößtem Protest. Dies gibt einen Vorgeschmack auf das, was jene Mitglieder der EU erwartet, die dem Brüsseler Laden den Rücken kehren wollen.

Dass deutsche Fischer von dem Verhandlungsgeschick beziehungsweise Ungeschick Barniers auch betroffen sein könnten, berichtete die deutsche Presse nur, als das Ergebnis bereits feststand. Auch dann gab es nur zaghaften Protest des betroffenen Gewerbes und beschwichtigende Kommentare des Präsidenten des deutschen Verbands der Außenhandelswirtschaft Anton Börner: Ein schlechter Kompromiss sei immer noch besser als gar kein Kompromiss.

Deutschland hatte in diesen Verhandlungen, obwohl massive Interessen zur Disposition standen, keinerlei Rolle gespielt. Man hatte sich auf Gedeih und Verderb auf den »europäischen« Chefunterhändler Barnier verlassen. Niemand in Deutschland wagte es, die Parteilichkeit von Barnier zu problematisieren und seine Kompetenzdefizite beim Namen zu nennen. Das Ergebnis haben wir jetzt: Europa ist wegen eines Franzosen an der Katastrophe vorbeigeschlittert.

Für künftige Verhandlungen zu außenwirtschaftlichen Fragen muss sich Deutschland überlegen, ob es sein Schicksal als Exportnation in die Hände der Brüsseler Bürokraten legen kann.

Die Handelspolitik gehört nach Art. 3 Abs. 1 c EUV i. V. m. Art. 205 ff. AEUV zu den ausschließlichen Zuständigkeiten der EU. Deutschland muss das essen, was ihm von Brüssel auf den Tisch gesetzt wird. Selbst wenn der politische Wille bestände, mit Großbritannien einen deutsch-britischen Binnenmarkt zu vereinbaren, wäre dies nicht möglich, ohne die ausdrückliche Zustimmung der Europäischen Union, die natürlich alles daransetzen würde, einen solchen separaten Binnenmarkt zu verhindern. Vor nichts haben die Damen und Herren Kommissare so viel Angst wie vor institutionellem Wettbewerb.

Unterdessen nimmt die deutsch-französische Freundschaft immer einseitigere Formen an. Ein gemeinsamer Kampfpanzer[73] soll von Frankreich und Deutschland entwickelt werden, ohne dass von der Beteiligung Italiens und Spaniens, ganz zu schweigen von Großbritannien, die Rede ist. Angesichts der Technologieüberlegenheit

---

73   MGCS Main Ground Combat System.

Deutschlands beim Panzerbau sowie dem internationalen Ansehen unseres Landes bei diesem Kampfsystem ist das Projekt mit Frankreich erklärungsbedürftig. Kampfpanzer wie den *Leopard* konnte Deutschland bisher nicht nur technisch autonom herstellen, sondern auch mit großem Erfolg kommerziell vermarkten.

Ähnliches gilt für das deutsch-französische Kampfflugzeug FCAS, das schon deshalb gar nicht europäisch sein kann, weil Italien und Großbritannien als traditionelle Eurofighter-Nationen hiervon expressis verbis ausgeschlossen wurden. Dafür haben nun französische Industrielle, wie Dassault, Thales und Safran das Sagen. Unglaublich, wie es das Tandem Merkel/von der Leyen schaffte, die Ent-Europäisierung des zukünftigen Kampfflugzeugs in Deutschland als ein Europa-Projekt zu verkaufen. Für deutsche Mittelständler, die beim Eurofighter-Projekt sehr präsent waren, bleiben nur noch Brosamen übrig, die im Übrigen von Airbus, einem Unternehmen mit Sitz in Toulouse, aufgesogen werden. Trotz dieser schockierenden Selbstaufgabe deutscher Industrieinteressen, die von Kanzlerin Merkel und ihrer ehemaligen Verteidigungsministerin von der Leyen als ein Geschenk an Frankreich angesehen werden, setzt sich die deutsche Sehnsucht nach dem Supranationalen unvermindert fort. Sie geht einher mit der Flucht aus dem Nationalen, also jenem Bewusstseinselement, das Europa als ein Ensemble von Völkern konstituiert. Thomas Mann wehrte sich stets gegen den Begriff des Supranationalen und hielt stattdessen den Begriff des Übernationalen für angemessen.[74] Kein Land in Europa außer Belgien hat sich der Supranationalität so hingegeben wie Deutschland.

---

74   Vgl. Thomas Mann, *Betrachtung eines Unpolitischen*, a.a.O., S. 136.

Hiergegen macht sich erst langsam Unmut breit. Nicht wegen der Verletzung deutscher Finanz- und Industrieinteressen, sondern aufgrund der zunehmenden demokratischen Legitimationsdefizite der Brüsseler Institutionen. Diese Institutionen – Parlament, Rat, Kommission sowie auch der Gerichtshof in Luxemburg – drohen auseinanderzufallen. Nicht weil einige Länder die Umverteilung des EU-Budgets nicht mehr für angemessen halten, sondern weil Kommission und Parlament die Völker und den Kontakt zu ihnen längst verloren haben. Nichts von dem, was in Brüssel passiert, kann noch nachvollzogen oder gar verstanden werden. Es muss vor keiner Instanz gerechtfertigt werden. Denn das Europäische Parlament ist bestenfalls das Vorzimmer der Europäischen Kommission. Auf Dauer lassen sich die Völker Europas Entscheidungen, die ihr Schicksal bestimmen, nicht aus Brüssel oktroyieren. Gewiss hat es in der ferneren Vergangenheit Nationalismus mit Exzessen gegeben. Die verheerenden Kriege unter den europäischen Nationen führten schließlich 1958 zur Gründung der Europäischen Wirtschaftsgemeinschaft (EWG). Die Verbannung des Nationalen als der einzigen demokratischen Legitimationsinstanz ist indessen das Ergebnis eines Europadiskurses, der von Brüsseler Think Tanks mit ihren Missionaren unter Nutzung von EU-Fördergeldern verbreitet wird. Wer dagegen ist, also gegenüber der Europäischen Union und der Integration technische Einwände oder prinzipielle Kritik äußert oder auch nur Skepsis andeutet, wird als rechts und nationalistisch verunglimpft. Das Nationale ist indessen mitnichten ein Monopol rechtskonservativen Gedankenguts. Willy Brandt, Egon Bahr, Kurt Schumacher in der Vergangenheit, aber auch bedeutende Schriftsteller der DDR wie Friedrich Dieckmann haben die

Anschauung eines linksnationalen Politikverständnisses geliefert, das sich keineswegs prinzipiell gegen die Europäische Union wendet. Wie also muss das Nationale in der Zukunft gestaltet werden? Wie ist der politische Diskurs zu gestalten, um dem Nationalen seinen europäischen Rang zurückzugeben?

6. KAPITEL

AUFBRUCH STATT ABDANKUNG:
SOLLTE DEUTSCHLAND DIE EU VERLASSEN?

K aum war die Mauer gefallen und die deutsche Einheit be-
fand sich auf einem guten Weg, da änderte sich besonders in
Deutschland der politische Diskurs. Deutschland sei nunmehr, so
heißt es seitdem, von Freunden umgeben. Diese freundschaftliche
Umzingelung hat seither einen kleinen Dämpfer dadurch erhalten,
dass der russische Präsident Putin keine Gelegenheit auslässt, seine
Großmachtambitionen zu Lande, zu Wasser und in der Luft zu unterstreichen. Und der Große Bruder im Westen, die USA, statuiert
bei der Gasleitung Nord Stream II ein Exempel seines unverhohlenen
Imperialismus. Er führt vor, was er von der Souveränität seines größten und wichtigsten Verbündeten in Kontinentaleuropa hält: Nichts.
Die Souveränität Deutschlands ist für bestimmte Kreise in den USA
ein Fremdwort. Die deutsche Öffentlichkeit wirkte irritiert, als bedeutende U.S.-Senatoren dem Hafen von Rügen schwerste Sanktionen androhten, wenn er sich an der Fertigstellung von Nord Stream II
beteiligen würde.

Innerhalb der Europäischen Union wird hingegen weiterhin so getan, als ob sich die EU in einem stabilen politischen Gleichgewicht
befinde und der Integrationsprozess automatisch voranschreite. Währenddessen wird in Deutschland zunehmend aufmerksamer wahrgenommen, dass dieser Integrationsprozess für Deutschland mit ein-

schneidenden Souveränitätsverlusten einhergeht. Mit Souveränität soll in diesem Zusammenhang nicht das klassische Konzept unableitbarer Herrschaftsmacht in einem ganz bestimmten territorialen Gebiet gemeint sein, sondern die politische Selbstbestimmung eines sich zur Demokratie bekennenden Volkes. Bestimmt man Souveränität auf diese Weise, so wird man, ohne boshaft zu sein, in Europa zu unterscheiden haben zwischen Ländern von der Größe Luxemburgs und Zyperns auf der einen Seite und Ländern wie Frankreich und Deutschland auf der anderen Seite. Die Souveränität Luxemburgs ist von formeller Natur. Sie findet faktisch ihre Grenze darin, dass bereits eine mittelgroße Bankenkrise das Großfürstentum so finanziell erschüttern würde, dass es aus eigener Kraft nicht in der Lage wäre, sich zu retten. Von dieser Souveränität will niemand Luxemburg etwas nehmen. Man bestreitet nur auf höchster Ebene und insbesondere bei der Europäischen Kommission das Recht der Luxemburger Regierung, die Steuersätze so niedrig zu halten, dass das Großherzogtum für Fonds und Banken zum Paradies geworden ist. Diese Seite der Souveränität weiß das Großfürstentum meisterhaft zu handhaben. Währenddessen scheidet es als ein relevanter ökonomischer Faktor für sämtliche Aufgaben, die die EU finanziell betreffen, aus.[75]

Nicht so Deutschland oder vergleichbar große Länder, die in Sachen Souveränität einiges zu verlieren haben und daher sehr viel sensibler den Integrationsprozess beobachten müssten. Frankreich als Mutterland eines kompromisslosen Souveränitätsanspruchs verlangt stets Konzessionen von den Ländern, die hierzu etwas beitra-

---

75 Das hindert seinen »Außenminister«, den Sozialisten Asselborn, nicht daran, Dauer-Appelle an die Mitgliedstaaten zur Aufnahme neuer Flüchtlinge zu richten und bei jeder Gelegenheit über die Rolle der EU als weltpolitischer Gestalter zu schwafeln.

gen können, ist aber selbst nicht willens, Souveränität zu teilen. Es ist Zeitverschwendung, mit Frankreich über eine Europäisierung seines Nuklearpotenzials zu sprechen. Gleichwohl verlangt Frankreich imperativ von Deutschland die Bereitschaft, auf finanzwirtschaftliche Souveränität zu verzichten, indem das große Geberland Deutschland sich an europäischen Schulden beteiligt, die ohne seine Mitwirkung auf den Märkten nicht platziert werden könnten.

Seit der Griechenlandkrise und den nachfolgenden Eurorettungsmaßnahmen sind die Deutschen in puncto Souveränität aufmerksamer geworden. Sie haben verstanden, dass nicht nur in der Rechtsprechung des Bundesverfassungsgerichtes, sondern auch für die Praxis einer lebendigen Demokratie die Souveränität bei der Steuererhebung und bei Ausgaben von existentieller Bedeutung ist. Dennoch ging bislang die schleichende Dynamik additiver Souveränitätsverluste »im Namen Europas« zulasten Deutschlands weiter. Zuerst ein Gemeinschaftskredit für Griechenland, der im Wesentlichen von Deutschland garantiert wurde, dann der EFSF, eine Luxemburger Holding, die Finanzierungen für bedrohte Staaten auftat und auf die Garantie Deutschlands angewiesen war, sowie schließlich der ESM, für dessen Ausleihungen Deutschland mit 190 Milliarden Euro haftet. Und nunmehr gar EU-Gemeinschaftsanleihen zur Finanzierung von nationalen »Wiederaufbauprojekten«. Deutschland haftet immer mehr für die Europäische Union: durch seinen Beitrag zum europäischen Haushalt, der ständig wächst, durch Sonderfinanzierungsbeiträge wie jetzt beim »Wiederaufbaufonds« oder indirekt als Gesellschafter der Europäischen Zentralbank, die das Eurosystem leitet, welches in zunehmendem Maß und abweichend von den Kapitalschlüsseln die Staatsanleihen von Ländern mit geringer Bonität aufkauft.

In der Außenpolitik gibt es in der Europäischen Union einen »Auswärtigen Dienst«, den der Außenbeauftragte der EU, Señor Borell, leitet. Er versucht zunehmend, eine »europäische Außenpolitik« zu formulieren und zu konzipieren, ohne bisher geklärt zu haben, was eigentlich das zugrundeliegende »europäische Interesse« sei. An dieser Stelle wird von Deutschland zunehmend Rücksichtnahme und Zurückhaltung verlangt, wohingegen Länder mit ungebrochenem Souveränitäts- und Nationalbewusstsein wie Frankreich, aber nicht weniger auch Spanien und Italien, am Kurs einer national orientierten Außenpolitik festhalten.

In der europäischen Wettbewerbspolitik, obschon Deutschland hierfür durch das Bundeskartellamt seit den 60er Jahren normative Standards von geschichtlichem Format gesetzt hat, geht die Post in Brüssel ab. Große Fusions- und Kartellfälle werden dort entschieden und häufig in einer Weise, die nur noch politisch, will sagen, durch willkürliche Überlegungen, erklärbar ist. Dass Air France inmitten der Corona-Krise seine Kapitalspritze durch den französischen Staat ohne Gegenleistung bei der Europäischen Kommission, Generaldirektion Wettbewerb, durchsetzte, während die Deutsche Lufthansa im Gegenzug zur Gewährung erheblicher Eigenkapitalhilfen des deutschen Staates eine Reihe von Landerechten in Frankfurt und München abgeben musste, versteht niemand.

Dass Brüssel und die EU-Kommission außer Kontrolle geraten sind, dürfte den letzten EU-Fans auch durch die historische Vergabe-Entscheidung des französischen Industriekommissars Breton für die nächste Generation von Galileo-Navigationssatelliten deutlich geworden sein. In Europa gibt es drei Unternehmen, die in der Lage sind, Satelliten herzustellen: Airbus – weitgehend französisch beherrscht -,

Thales – französisch beherrscht, mit einer italienischen Komponente in Gestalt von Alenia – und das mittelständische Familienunternehmen OHB, dessen Gründer Manfred Fuchs den Großunternehmen gezeigt hat, dass auch mittelständische Unternehmen in der Lage sind, Hochtechnologie zu produzieren. Während bei der ersten Generation von Navigationssatelliten OHB eindeutig technisch wie preislich die Nase vorn hatte und bei allen Ausschreibungen die Mitbieter ausstach, sann die Pariser Raumfahrt-Lobby unter der Führung des Chefs der französischen Raumfahrtagentur auf Vergeltung. Man bewegte den französischen EU-Industriekommissar Thierry Breton dazu, für die zweite Generation von Navigationssatelliten ganz neue technische Anforderungen in die Ausschreibung zu packen und Technologien vorzuschreiben, die besonders von Airbus und Thales Alenia beherrscht wurden. Die Methode ist bekannt. Man will einen Ausschreibungsteilnehmer durch technische Spezifikationen privilegieren und einen anderen diskriminieren. Niemand hatte zuvor so viel Navigationssatelliten gebaut wie das Bremer Unternehmen. Groß war so für einige Naive die Überraschung, als die EU-Kommission Mitte Januar 2021 verkündete, dass bei der Vergabe der nächsten Generation von Navigationssatelliten OHB nicht mehr dabei sein werde.

Zuvor hatten Kanzleramt und Wirtschaftsminister bei der Kommissionspräsidentin von der Leyen die technologiepolitische Bedeutung der weiteren Partizipation deutscher Unternehmen an dieser neuen Satelliten-Generation unterstrichen. Frau von der Leyen zeigte einmal mehr auch in diesem Fall, welchen Interessen sie diente, und wollte Industriekommissar Breton nicht umstimmen. So wird nun mit deutschen Steuergeldern französische Satellitentechnologie gefördert. Der Fall dürfte deutlich machen, wie sich die Pariser Machthaber die Arbeitsteilung zwischen Deutschland und Frankreich im Namen Europas vorstellen.

Wie sehr der Politikbetrieb in Brüssel sich immer mehr gegen Deutschland und seine Interessen wendet, belegte am Morgen des 21. Januar 2021 schließlich der Grünen-Abgeordnete des Europäischen Parlaments Reinhard Bütikofer. Er erklärte stolz auf den deutschen Sendern, dass sich nunmehr das Europäische Parlament dazu entschlossen habe, Deutschland zum Rückzug aus dem Nord-Stream-2-Projekt zu bewegen. Damit würde veranschaulicht, dass die Forderung nach einem Rückzug Deutschlands aus diesem Projekt nicht eine amerikanische Forderung, sondern ein Akt europäischer Solidarität und Verbundenheit mit den anderen Ländern sei. Der Ex-Maoist-Bütikofer sprach das aus, was zuvor der Fraktionsvorsitzende der Europäischen Volkspartei, der gescheiterte Spitzenkandidat Weber, auf anderen Kanälen gefordert hatte. Welche subtilen Einflüsse und Vektoren diese beiden Herren zu Stellungnahmen bewogen haben mögen, die die energiepolitischen Interessen Deutschlands völlig aus dem Blick verloren haben, wird eventuell die Geschichtsforschung klären. Heute steht fest: Während durch die Energiewende die Gewinnung von Energie durch Atommeiler nicht mehr möglich ist und auch der Kohleausstieg absehbar ist, soll sich Deutschland nach Meinung der Herren Weber und Bütikofer der Möglichkeit begeben, die Energielücke durch russisches Gas zu schließen. Auf einmal werden moralische Kriterien für die Energieversorgung zugrunde gelegt, die bei dem Einkauf von Erdöl aus Saudi-Arabien noch nie eine Rolle gespielt haben. Gelänge dies, könnten die Gegner dieses Projektes und die Feinde deutscher Souveränität triumphieren: Das was in den europäischen Verträgen (vgl. Art. 194 AEUV) niedergelegt ist –

die Souveränität der Mitgliedsstaaten bei ihrer Entscheidung über die Versorgung mit Energie – soll für Deutschland nicht länger gelten.

Surrealistisch sind die Vorgaben von der Nato, insbesondere durch das größte Mitgliedsland des Bündnisses, die Vereinigten Staaten von Amerika. Die US-Regierung will Deutschland vorschreiben, wie viel Prozent seines Bruttosozialproduktes auf Verteidigungsausgaben verwandt werden. Dabei sagt das Verhältnis von Verteidigungsausgaben zum Bruttosozialprodukt nichts über die Kampffähigkeit von Streitkräften aus.

Trotz der »Umzingelung von Freunden« sind die Parameter selbstbestimmter Politik für Deutschland geringer geworden sind. Nun sollen angesichts der Rückzahlungsverpflichtungen für den gigantischen »Wiederaufbaufonds« nicht nur die Beiträge für den EU-Haushalt zulasten von Deutschland erhöht, sondern auch die Einkünfte, also die Eigenmittel der Europäischen Union, verstärkt werden. Dann müssten auch die deutschen Bürger und deutsche Unternehmen jene Abgaben und Steuern zahlen, die eine anonyme Brüsseler Technokratie, unterstützt durch eine Versammlung von Claqueuren, die sich Europaparlament nennt, beschlossen haben. Dies wäre der Anfang vom Ende der Fiskaldemokratie und vielleicht jener Wendepunkt in der Einstellung der Deutschen zum europäischen Einigungswerk, der notwendigerweise zu der Frage führt, ob Deutschland einen Austritt aus der EU erwägen sollte. Die Gefahr des Kontrollverlusts über das eigene Schicksal liegt auf der Hand. Alles, was bislang vergemeinschaftet worden ist, insbesondere die Geldpolitik, ist im Namen Europas französisch geworden. Selbst die Träger deutscher Pässe in Brüssel wie Frau von der Leyen sind häufig nichts anderes mehr als Instrumente französischer Politik.

Doch fühlen sich die Deutschen bislang geehrt, Beifall dafür zu erhalten, Souveränität abzugeben und die Rechnungen anderer zu bezahlen. Dies ist ein untrügliches Zeichen politischer Unmündigkeit, welche für ein erwachsenes Volk unwürdig ist. Bislang verteidigt das deutsche Politikestablishment den Fortgang der europäischen Integration und täuscht mit seinem Diskurs die Deutschen über die wahren Machtverhältnisse in Europa.

Weit und breit sind keine Persönlichkeiten in Sicht, die in der Lage wären, einen Weckruf an die Deutschen zu adressieren, um sie auf das krasse, wachsende Auseinanderfallen von politischer Herrschaft und finanzieller Haftung in Europa aufmerksam zu machen. Doch das Unbehagen mit dem EU-Integrationsdiskurs der deutschen Parteien wächst in dem Maße, wie die Dysfunktionalität des Eurosystems zunimmt.

Als mehr als eine Million Flüchtlinge, darunter viele Wirtschaftsmigranten, die die Gelegenheit beim Schopf packten und 2015 die fahrlässige, unautorisierte Grenzöffnung durch Frau Merkel ausnutzten, sich auf den Weg nach Europa machten, erkannten die meisten Deutschen nach einem kurzen euphorischen Zwischenhoch, welche Bedeutung dies für die Demokratie ihres Landes haben werde. Die monetäre und ökonomische Integration Europas ist weitaus schwieriger zu durchschauen. Ihre Analyse ist komplex und nicht jedem auf Anhieb verständlich. Aber die Zeichen stehen untrüglich auf Sturm, wenn man sich die objektiven ökonomischen Daten der Desintegration anschaut. Wir wollen hoffen, dass nicht alles erst in Scherben fallen muss, bevor die Deutschen entschlossen und würdevoll von den Rechten eines selbstbestimmten Volkes wieder Gebrauch machen werden.

Daher liegt keine andere Frage näher als die nach dem – gegebenenfalls unvermeidbaren – Austritt Deutschlands aus der EU. In Fernsehsendungen in Frankreich wurde dem Verfasser diese Frage aufgrund der geharnischten deutschen Kritik an der EZB-Politik und an der Brüsseler Misswirtschaft mehrfach gestellt. Auch auf Diskussionsveranstaltungen in Deutschland fragten viele, über den Gang der europäischen Dinge besorgte und empörte Bürger: »Wie lange wird sich Deutschland das noch gefallen lassen?« Damit kommt ein Thema auf die Agenda der Tagespolitik, das gegenwärtig noch vollständig tabuisiert wird: der *Dexit*, also der gemäß Art. 50 des Vertrags über die Europäische Union (EVU) zulässige Austritt Deutschlands aus der Europäischen Union.

Doch was vertragsrechtlich zulässig ist, muss nicht notwendigerweise politisch opportun sein. Wozu die Austrittsoption ermächtigt, kann – wie beim Brexit überdeutlich geworden – zu einer quälenden Zangengeburt werden. Gewiss wird diese Frage erst dann akut, wenn alle Möglichkeiten der politischen Reform der Europäischen Union ausgeschöpft sind. Dafür stehen die Chancen deshalb schlecht, weil der Brüsseler Apparat und die ihn stützenden parteipolitischen Kreise bei der gegenwärtigen Integrationsstufe keineswegs innehalten wollen oder gar bereit wären, eine Richtungskorrektur vorzunehmen. Vielmehr wird mit dem Ziel »Mehr Geld und mehr Macht für die Brüsseler Zentralgewalt« an der Schaffung des Europäischen Bundesstaates arbeitet. Mit welcher Unverfrorenheit die Europäische Kommission als Hüterin der Verträge Projekte – wie Next Generation EU – in Gang setzt, deren Vereinbarkeit mit den europäischen Verträgen zumindest ernste Fragen aufwirft, ist auf den vorherstehenden Seiten veranschaulicht worden. Dass es bislang – außer der Ablehnung der gesamten europäischen Integration in toto durch rechtsradikale Parteien in Italien und Frankreich – keinen Dialog über Reformen gibt, hängt auch mit Deutschland und den deutschen Zuständen zusammen. Margaret Thatcher sagte sarkastisch, das Brüsseler System würde so lange existieren, wie die Deutschen den EU-Sozialismus finanzieren. Gegenwärtig verzichtet Deutschland darauf, sein finanzielles Gewicht zur Erlangung von überfälligen Reformen in die Waagschale zu werfen. Die kritischen Reflexe der sogenannten sparsamen Vier (Niederlande, Dänemark, Österreich, Schweden) waren zur politischen Unwirksamkeit verurteilt, nachdem Deutschland sich entschieden hatte, seine bisherigen Positionen aufzugeben und mit Frankreich zusammen Gemeinschaftsschulden das Wort zu reden.

Da es aber auch in Deutschland keine organisierte, pro-europäische Reformbewegung gibt, dürfte die Hoffnung schwinden, dass sich das Brüsseler Kommissar-Regime aufgrund deutschen Drucks dazu bewegen lässt, von seinen Mega-Zentralisierungsplänen Abstand zu nehmen. Die kommenden Jahre werden zeigen, ob die Völker der Europäischen Union den von der Kommission außerhalb ihres Mandats beschrittenen Weg in den europäischen Bundesstaat bereit sind mitzugehen.

Sollte sich die Europäische Union als vollständig reformunfähig herausstellen, tritt die Frage der politischen Opportunität eines deutschen Austritts hinter der Erwägung zurück, ob Deutschland überhaupt noch andere Alternativen als den Austritt hat. Wird die Situation dann zum gegebenen Zeitpunkt als so dramatisch empfunden, dass über einen Austritt diskutiert wird, müssten die Austrittsmodalitäten sorgsam definiert werden.

Von einem wohlmeinenden Zuhörer aus Frankreich erhielt der Verfasser ein livreskes Pretiosum über die Verfassung des hanseatischen Bundes. Der Begleitbrief warf die Frage auf, warum Deutschland nicht zusammen mit den nördlichen Ländern Europas eine Hanse-ähnliche Verbindung eingehen wolle. Dass bereits aus Frankreich derartige Anregungen kommen, sagt einiges über den in der EU nur forciert übertünchten Gegensatz der ordnungspolitischen Vorstellungen zwischen Deutschland und Frankreich und die anhaltende Heterogenität innerhalb der Europäischen Union in wirtschaftlicher und besonders kultureller Hinsicht. Die wachsende, von Frankreich betriebene »Integration« bei einer Geldpolitik und die Nutzung der Geldpolitik für fiskalpolitische Zwecke ist ein alter französischer Traum, dessen Realisierung die Deutschen nicht wahrhaben wollten, aber nunmehr nicht mehr verhindern können. Vielleicht erscheint den Deutschen die Aufopferung ihrer ordnungspolitischen Ideale als der politisch gebotene Preis, um die EU nicht kollabieren zu lassen. Dies wäre der Ausdruck erbärmlichen Kleinmuts. Denn ökonomisch gesehen ist Deutschland sehr viel stärker als Frankreich. Deutschland fehlt eine nationale Elite, während das Land, das von Paris aus regiert wird, über eine machtbewusste, ja teilweise imperiale Elite verfügt, die nach dem Austritt Großbritanniens sich ihrem Ziel, der französischen Hegemonie in Kontinentaleuropa, ein gutes Stück näher sieht.

Die Diskussion über einen deutschen Austritt ist also gleichbedeutend mit der Suche nach Partnern für einen neuen Bund von Nationen, die einen Binnenmarkt schaffen und die Errungenschaften der EU in denselben hinüberretten wollen. Von Jean Monnet stammt der Ausspruch, dass er, wenn er noch einmal Europa erbauen müsste, mit der Kultur beginnen würde. De Gaulle ernannte seinen Mitstreiter Malraux zum Kulturminister mit dem Ausspruch: »Die Kultur beherrscht alles.«[76] Wenn man den Mut hat, die Dinge beim Namen zu nennen, so wird man nicht umhinkönnen festzustellen, dass in allen zentralen politischen Fragestellungen für Deutschland und Frankreich jedenfalls die französische Elite und die deutsche Bevölkerung miteinander unvereinbare Positionen einnehmen. Dies legt es nahe, in einem neuen Bund europäischer Nationen besonders von den französischen Positionen Abstand zu gewinnen. Dafür ließen sich die Niederlande und gegebenenfalls auch die anderen Benelux-Länder, Skandinavien und die baltischen Staaten sowie die wesentlichen Länder Zentraleuropas (Tschechien, Slowakei, Österreich, Kroatien und Slowenien) gewinnen. Dies wäre ein kleinerer Binnenmarkt, der dann einen Brückenschlag zu den Mittelmeerländern im Wege von bilateralen Vereinbarungen finden müsste. Der Vorteil einer solchen nord- und zentraleuropäisch geprägten Konföderation von Nationen wäre die kulturelle Homogenität.

Allein schon die Diskussion über ein solches Projekt würde einen Sturm der Entrüstung von Seiten der Vertreter der politischen Korrektheit hervorrufen. Vielleicht aber würde diese Auseinandersetzung jene Länder, die mit ihrem Ultranationalismus – wie Frankreich und Polen – die Europäische Union in der Vergangenheit häufig an den Rand des Scheiterns brachten, zur Vernunft bringen. Wir brauchen also – eher heute als morgen – eine Diskussion über den deutschen Austritt, seine Modalitäten und mehr noch über die zukünftigen Verbündeten unseres Landes. Frankreich – jedenfalls das Frankreich Macrons – wird nicht dazugehören.

---

76 »La culture domine tout!«

7. KAPITEL

SOUVERÄNITÄT ODER SELBSTAUFGABE?

Wer sich die vorstehenden Zeilen zu Gemüte geführt hat und nicht vor Ende der Lektüre den Text aus Verärgerung über das Versagen der deutschen Politik-Elite aus der Hand gelegt hat, der wird sich die Frage stellen: Sind die Deutschen noch recht bei Trost? Oder sind sie weiter willens und sogar ganz damit beschäftigt, in Europa aufzugehen, um sich darauf zu beschränken, das Gros jener Ressourcen in Form von Transferleistungen zu stellen, von dem die Pariser Machthaber meinen, dass Deutschland dies aufgrund seiner Vorteile aus dem Binnenmarkt Europa schulde? Nicht nur Zahlmeister der EU, sondern auch ewiger Schuldner zu sein, und zwar moralischer Schuldner. Ein Volk, das vor drei Generationen den Holocaust nicht verhindert hat, muss nun aus Gründen moralischer Rehabilitation die Zeche für Italien und Polen, Frankreich und Spanien zahlen. Eine bestechende Logik!

Erst ein völlig überstürztes und überdimensioniertes Corona-Krisenprogramm aus den Händen von Finanzminister Scholz, mit dem Ziel, jeder Pizzeria das Überleben zu sichern, dann die Wohltaten der Erhöhung von Kurzarbeitergeld auf 75 Prozent, gefolgt von der Grundrente, um den Juliusturm fiskalischer Ersparnisse werbewirksam noch vor Beendigung der Legislaturperiode für die eigene Wiederwahl zu investieren. Kurz darauf die Zustimmung des Deutschen Bundestages – fast unbeobachtet von der Öffentlichkeit – zu eben jenem europäischen Kurzarbeitergeld (Programm SURE), das die Deutschen gar nicht benötigen.[77] Hinzu kommt die fast lautlose Zustimmung des Bundestages zur bedingungslosen Nutzung von 240 Milliarden Euro Krediten aus dem ESM (dem europäischen Stabilisierungsmechanismus) zugunsten jener Länder, denen kein Bankier bedingungslos mehr Geld leihen würde. Schließlich der 750 Milliarden »Wiederaufbaufonds« – finanziert durch eine Mega-Anleihe der Europäischen Union, zu der sie nicht berechtigt ist –, um jenen Ländern, die bisher miserabel gewirtschaftet haben, üppige Geldgeschenke zu machen. Der renommierte Finanzwissenschaftler Friedrich Heinemann meldet Zweifel an.[78] Es ist angesichts der Aufgabe nationaler Interessen – gemeint ist die nationale Selbstvergessenheit – ein kleines Wunder, dass Parteien rechts von der CDU bislang in nur so begrenztem Umfang Stimmen gewonnen haben. Denn die Gefahrenlage nationaler Selbstvergessenheit, kombiniert mit einer geradezu europatrunkenen Unfähigkeit der deutschen Politik-Eliten, die Interessen unseres Landes wahrzunehmen, müsste die Deutschen normalerweise auf die Barrikaden bringen. Das Gegenteil ist der Fall. Die banale Rhetorik von Kanzlerin Merkel beschreibt die dramatischen Änderungen und ermächtigungslosen Ultra-vires-Akte der Europäischen Union so, als handele es sich um Selbstverständlichkeiten. Nehmen die Deutschen gar nicht mehr wahr, dass sie dabei sind, in Europa den Löffel abzugeben?

---

77 Beschluss des Bundestages vom 18.6.2020 zum SURE-Gewährleistungsgesetz.

78 Vgl. seine gutachterliche Stellungnahme im Europaausschuss des Bundestags, https://www.bundestag.de/resource/blob/800870/2a19d54c782dc9d7bc60ce8fdd34fcd1/heinemann-data.pdf (zuletzt abgerufen am 28.1.2021).

Thomas Mann hat in einem ganz anderen politischen Kontext die Meinung vertreten, dass der Protest Deutschlands Eigenart sei, und gleichwohl gemeint, das Land sei nicht in der Lage, politisch zu handeln:

> »Wenn ich auf den folgenden Blättern die Meinung vertrat,
> dass Demokratie, dass Politik selbst dem deutschen Wesen
> fremd und giftig sei, wenn ich Deutschlands Berufenheit zur
> Politik bezweifelte oder bestritt, so geschah es nicht in der –
> persönlich und sachlich genommenen – lächerlichen Absicht,
> meinem Volk den Willen zur Realität zu verleiden, es im
> Glauben an die Gerechtigkeit seiner Weltansprüche wankend
> zu machen.«

Was 1918 von Thomas Mann mit einer durchaus demokratieskeptischen und antiwestlichen Attitüde formuliert wurde, griff der große Stahlindustrielle Dieter Spethmann 2008/2009 mit den Worten auf: »Wir Deutschen sind für die Politik unbegabt, die Franzosen schmieren einfach besser.«[79]

Wer den Verhandlungsprozess um den Wiederaufbaufonds in Brüssel auch nur aus der Ferne verfolgt, der merkt, mit welchem Erfolg die Pariser Räderschmierer am Werk sind. Sie hegen die begründete Hoffnung, dass die zum Erfolg verurteilte deutsche Kanzlerin schon irgendwann nachgeben werde, um das Corona-Wiederaufbaupaket – das mit Corona nichts zu tun hat, sondern der erste große und unverkennbare Schritt in die Schulden- und Transferunion

---

79 So Prof. Dr. Spethmann im Gespräch mit dem Verfasser.

ist – politisch durchzusetzen. Dass Europa eine Gemeinschaft von Nationen ist und auf absehbare Zeit die Nationalstaaten fortbestehen werden, können wir besonders am Verhalten der französischen Politik ersehen. Niemand käme allen Ernstes in Frankreich auf den Gedanken, die Vereinigten Staaten von Europa anzustreben, also einen Bundesstaat, in dem Frankreich zur Provinz verkommt. Nur die Deutschen haben eine eigentümliche Lust am Untergang, an der Selbstaufgabe, am Verfall oder gar am Selbstmord. 1972 errang Willy Brandt mit fast 46 Prozent der Stimmen den größten Wahlsieg für die deutsche Sozialdemokratie. Sein Wahl-Slogan: »Deutsche, wir können stolz sein auf unser Land.« Die Zeiten haben sich gewandelt. Dies gilt auch für die Wahl-Slogans. Aber dass die Betonung des Nationalen – im Kern die natürlichste Sache der Welt – Rechtsradikalen überlassen wird, ist ein Symptom dafür, wie es um das deutsche Selbstbewusstsein steht.

Wer wagt es in dieser Situation, an das Nationale im Europäischen Einigungswerks zu erinnern?

Die Frage ist berechtigt, geht es doch zunächst darum, jene davon auszuschließen, die sich als institutionelle Schrittmacher der europäischen Integration als Form nationaler Selbstaufgabe betätigt haben. Dazu gehören die Verfassungsorgane Bundesrat/Bundestag und nach Maßgabe einiger kompromisslerischer Urteile auch das Bundesverfassungsgericht.[80]

Kern des deutschen Widerstands muss also jene Gruppe von Menschen sein, denen die deutsche Demokratie wichtiger ist als die eu-

---

80 Seitdem letzteres unter der Präsidentschaft des ehemaligen stellvertretenden CDU/CSU-Fraktionsvorsitzenden Dr. Stephan Harbath steht, ist die Gefahr einer Gleichschaltung nicht mehr von der Hand zu weisen.

ropäische Integration. Bislang ist dies ein kleines Häuflein: zerstrittene Liberale, nonkonformistische Individualisten sowie professorale Rechthaber und Besserwisser. Es fehlt jene Persönlichkeit, die in der Lage wäre, die Verteidiger der deutschen Demokratie zu sammeln und zur Aktion zu führen. Es scheint, als ob die Deutschen jedweden *élan vital* verloren haben und auf Helden keinen Wert mehr legen. Wird man daher warten müssen, bis das Parteienregime endgültig abdankt, um eine Wiedergeburt der deutschen Demokratie aus der Krise zu erleben?

Die gegenwärtige Verfassungskrise verlangt nach einer preußischen Persönlichkeit mit Charakter, die das Parteiensystem herauszufordern vermag. Gefragt ist angesichts von Figuren wie Röttgen und Laschet sowie Kevin Kühnert und Hubertus Heil jene Eigenschaft, die diesen fehlt: Glaubwürdigkeit, also das Bürgervertrauen in ihren unbedingten Willen, dem Staat zu dienen.

Der junge *de Gaulle* hatte eine präzise Vorstellung von Elite:

> »Aug in Aug mit dem Geschehen gestellt, hält sich der Mann von Charakter an niemanden anderen als sich selbst. Was ihn treibt, ist der Wille, der Aktion sein Zeichen aufzudrücken, sie auf seine Rechnung zu nehmen, daraus seine Sache zu machen. Weit entfernt, unter den Fittichen der Hierarchie Schutz zu suchen, sich unter Vorschriften zu verstecken, sich durch Rechenschaftsberichte abzudecken, reckt er sich hoch auf, geht in Stellung und macht Front. Bei Rückschlägen nimmt der Mann von Charakter deren ganzes Gewicht auf sich – nicht ohne dabei etwas wie eine bittere Genugtuung

zu fühlen. Kurz, Kämpfer, der den Kampfgeist und seine Standfestigkeit in sich selber findet; Spieler, dem es weniger auf den Gewinn ankommt als auf das Gewinnen, und der seine Schulden mit eigenem Geld bezahlt – es ist der Mann von Charakter, der der Tat ihren Adel verleiht. Ohne ihn ist sie eine trübe Angelegenheit für Sklaven, dank ihm göttliches Spiel des Helden.

Was daran wesentlich ist, das Schöpferische, das Göttliche, hat der Charakter zustande gebracht, nämlich, dass daraus ein Unternehmen wurde. So wie das Talent dem Kunstwerk das Siegel einer besonderen Art des Verstehens und des Ausdrucks aufprägt, so drückt der Charakter dem, was er Tat werden ließ, seinen Stempel auf.

Die Schwierigkeit zieht den Menschen von Charakter an, denn indem er mit ihr ringt, kommt er zur Verwirklichung seiner selbst.«[81]

Dass es heute niemanden gibt, der diesen Anforderungen genügt, ist das zweifelhafte Verdienst der Parteien (Soziologen nennen es »adverse Selektion«) und das Ergebnis des Verhältniswahlrechts. Hätten wir ein Mehrheitswahlrecht, würden Charakter und Persönlichkeit prämiert. Aber um dies zu erlangen, müssen wir uns die Freiheit nehmen, Parteienprivileg und parlamentarisches Regierungssystem über Bord zu werfen. Dazu wird man die Kontroverse nicht scheuen dür-

---

[81] Charles de Gaulle, *Die Schneide des Schwertes*, a.a.O., S. 59 f.

fen. Mehr noch: Es bedarf viel Mutes, von der Freiheit Gebrauch zu machen. Werden und wollen wir endlich den Mut finden, die deutschen Zustände zu ändern?

EPILOG:
BEFINDET SICH EUROPA IM NIEDERGANG?
IST DEUTSCHLAND DEKADENT?

Die Frage nach der Dekadenz eines Landes oder einer Zivilisation ist weder neu noch revolutionär. Ihr wird stets dann nachgegangen, wenn das Land mit einer Krise nicht fertig wird, kopflos dahintreibt und so der Eindruck entsteht, das Gemeinwesen verfüge weder über Kurs noch Kompass. Zwar besteht über die Einschätzung der gegenwärtigen deutschen Zustände kein Konsens. Doch macht sich seit Jahren ein Unbehagen breit, das sich – verstärkt durch die Pandemie – in öffentlichen Zweifeln nicht nur an der Richtigkeit der Regierungspolitik manifestiert, sondern das gesamte institutionelle Gefüge der Bundesrepublik Deutschland und seine forcierte Integration in die EU in Frage stellt. Dabei kommt es zum Verbund von Gruppierungen zwischen links und rechts, die höchst zufällig und heterogen sind. Seriöse Deuter der deutschen Dinge wie der Historiker Professor Nolte hielten die Frage »Ist Deutschland dekadent?« für zu ernst, um sich nicht mit ihr zu beschäftigen.[82]

In Anbetracht dieser Bedeutung soll der Begriff der Dekadenz wenn nicht geklärt, so doch erläutert werden, um begründet der

---

82   Ernst Nolte, Ist Deutschland dekadent?, Vortrag im Club von Berlin am 23.1.2006.

Frage nachgehen zu können, ob sich Deutschland in einer Phase der Dekadenz und Europa im Niedergang befindet.

Mit unterschiedlichen Begriffen wird von verschiedenen wissenschaftlichen Fächern dem Phänomen *Dekadenz* nachgespürt. Schließlich reicht es so weit zurück wie die Geschichte der Menschheit selbst. Ob mit Abstieg, Niedergang, Verfall, Degeneration oder Dekadenz bezeichnet, geht es bei all diesen Begriffen – gewiss mit unterschiedlicher Intensität – um die Zernierung einer Erscheinung, die im Auf und Ab der Geschichte Völker, Nationen, Staaten oder sogar ganze Zivilisationen unweigerlich erfasst hat.

Die Qualifizierung von Dekadenz als einem langfristig unweigerlichen Phänomen ist indessen ein Urteil, das der Ex-post-Betrachtung geschichtlicher Prozesse entspringt. Es geht von der empirischen Erfahrung aus, dass im Ergebnis weder politische Systeme noch ökonomische Ordnungen oder gar Zivilisationen im Strom der Zeit Bestand gehabt haben. Mit dieser Feststellung ist indessen nichts darüber gesagt, wann der stete Wandel von Völkern, Staaten und Nationen eine solche Qualität gewinnt, dass er im Ergebnis zum Niedergang derselben führen wird.

Jenen Zeitpunkt zu bestimmen, von dem an ein Prozess dekadente Dimensionen annimmt, betrifft nur einen, wenn auch sehr wichtigen, Ausschnitt der gesamten Fragestellung. Nicht jeder Wandel führt zum Niedergang. Nicht jede Krise eines politischen Systems ist der Anfang von dessen Ende. Vielmehr geht es – ganz ähnlich wie bei der Bestimmung von ökonomischen Zyklen – darum, herauszufinden, ob es sich lediglich um einen oszillierenden Pfad handelt, der trotz seiner erratischen Ausschläge keineswegs den Niedergang eines politisch-ökonomischen Systems indiziert.[83] Um der ökonomischen Begrifflichkeit zu entrinnen, könnte man – bildlich gesprochen – das Problem wie folgt beschreiben: Handelt es sich bei den Schwierigkeiten eines politisch-ökonomischen Systems um eine Delle oder stellen sie jenen Anfang vom Ende dar, der das *fin de régime* einleitet?

Spricht man von der *Dekadenz* einer politisch-ökonomischen Ordnung, so ist damit nicht gemeint, dass dieser Prozess ins Nichts führt. Geschichte zerstört und schafft zugleich. Der historische Prozess von Werden und Vergehen hat nichts Eschatologisches[84] an sich. Selbst im Moment des Untergangs keimt schon das Leben einer neuen, sich schaffenden, langsam Gestalt annehmenden neuen Ordnung. Die Beurteilung einer Entwicklung als *dekadent* setzt also stets eine Prognose voraus. Hiernach ist eine politisch-ökonomische Ordnung in einer solchen Krise, die sich nicht länger aus sich selbst heraus unter Federführung der herrschenden Funktionseliten bewältigen lässt, sondern notwendigerweise zu ihrem Verfall führt.

Dies wirft eine spannende Frage auf: Gibt es nachprüfbare Kriterien, die zu bestimmen erlauben, ob und wann eine politisch-ökonomische Ordnung nicht länger reformierbar ist, also nicht länger aus sich heraus wieder ins Gleichgewicht gebracht werden kann, sondern unweigerlich auf Verfall programmiert ist und demzufolge nur durch etwas gänzlich Neues ersetzt werden kann?

---

83 Pareto hat diese Schwierigkeit anhand von Plausibilitätsüberlegungen zum Begriff der Krise veranschaulicht: »C'est à cette oscillation que, lorsqu'il s'agit d'un agrégat économique, l'on a donné le non *crise*.«, Vilfredo Pareto, *Cours d'Économie Politique*, Neuauflage des 1896/1897 erschienenen Werkes, Genève: Droz 1964, Bd. II, § 925, S. 278.

84 Eschatologie ist die Lehre von den letzten Dingen.

Allein schon eine solche Fragestellung mag als intellektuelle Anmaßung empfunden werden. Ist die Suche nach – abstrakt formalen, also messbaren und demzufolge auch überprüfbaren – Deka-
denz-Kriterien nicht bereits deshalb zum Scheitern verurteilt, weil
der Zeitpunkt des Zusammenbruchs politisch-ökonomischer Ordnungen jedenfalls schwerlich prognostiziert werden kann? Dieser
Zweifel ist mehr als legitim, wenn man die komplexen Zusammen-
hänge, die den geschichtlichen Gang der Dinge bestimmen, bedenkt.
Denn bei den großen Umbrüchen waren sich die handelnden Funktionseliten nicht nur über den Zeitpunkt des Untergangs ihres Regimes
im Unklaren, sondern wussten auch von der Existenz einer solchen
Gefahr nicht oder wollten diese zunächst gar nicht beziehungsweise
zu spät wahrnehmen.[85]

Besonders skeptisch sollte man gegenüber Zusammenbruchpro-
gnosen unter anderem deshalb sein, weil in jenen historischen Auseinandersetzungen, in denen – religiös-eschatologisch geführt – das
»historisch notwendige« Ende des jeweiligen politisch-ökonomischen
Systems vorausgesagt wurde, sich die Prognose als verfrüht heraus-
gestellt hat. Der Kapitalismus hat Lenin überlebt. Er hat sogar den Zusammenbruch der Sowjetunion überlebt und lächelt gelassen den alten Anfechtungen der ewig neuen Linken entgegen.

---

85   Die »Wende« in der DDR ist hierfür das schlagendste Beispiel der Zeitgeschichte.

WAS SAGT DIE PHILOSOPHIE ZU DIESER FRAGESTELLUNG?

Das Interesse der Philosophie an der Problematik ist lebhaft. Dabei überwiegen solche Stellungnahmen, die Gedanken in Form aphoristischer Funken versprühen. Ein einschlägiges Beispiel hierfür ist Nietzsche. Zum Begriff »décadence« schreibt er: »Der Abfall, Verfall, Ausschuß ist nichts, was an sich zu verurteilen wäre: er ist eine notwendige Konsequenz des Lebens, des Wachstums an Leben. Die Erscheinung der *décadence* ist so notwendig, wie irgendein Aufgang und Vorwärts des Lebens.«[86]

Die wirkungsgeschichtlichen Stromstöße, die von Nietzsches Aphorismen ausgingen, sind ein Phänomen *sui generis.*[87] Die Rezeption des Nietzsche-Textes hat, obwohl ihr Autor keine formalen Dekadenz-Maßstäbe entwickelt hat, eine Dekadenz-Theorie geschaffen, die für sich genommen ein geistiges Eigenleben und eine Ausstrahlung unter dem Namen Nietzsches entwickelt hat. *Julien Freund* hat

---

86   Friedrich Nietzsche, *Der Wille zur Macht,* 12. Aufl., Stuttgart 1980, S. 30 unter der Kapitelüberschrift »Die nihilistische Bewegung als Ausdruck der décadence«, S. 29.

87   Abgesehen hiervon ist die Authentizität der Textkompilation, die unter dem Titel *Der Wille zur Macht* veröffentlicht wurde, umstritten. Vgl. dazu das Nachwort von Walter Gebhard, ebenda, S. 718 ff. Vgl. zur Wirkungsgeschichte des Näheren: Ernst Nolte, *Nietzsche und der Nietzscheanismus,* 2. Aufl., F. A. Herbig Verlagsbuchhandlung GmbH, München 2000.

sich zu »Nihilismus und Dekadenz nach Nietzsche« geäußert.[88] Seine Deutung des Dekadenz-Begriffs bei Nietzsche ist ein Beispiel für die intellektuelle Strahlkraft des aphoristischen Zeitinterpreten aus Basel.[89]

Noch vor seiner Wahl zum Papst Benedikt XVI. gab der damalige Kardinal *Ratzinger* zusammen mit Marcello Pera[90] ein Essay mit dem Titel »Ohne Wurzeln« heraus.[91] Die Sichtweise der Gegenwartsprobleme ist zwar auf Europa bezogen, ihre Anknüpfungspunkte und Schwerpunkte verraten indessen viel von der Methodik, mit welcher die katholische Theologie das Phänomen der Dekadenz zerniert.

Anknüpfungspunkt für Ratzinger ist zum einen die Geschichte des christlichen Europas, seiner Ausdehnung und Begrenzung sowie seiner Reorganisation in laizistische Gesellschaften des lateinischen Europas und in Form von Staatskirchen im nördlichen Europa. Zum anderen knüpft er in kulturtheoretischer Hinsicht an die Zivilisationstheorie von *Arnold Toynbee* an. Nach diesem Historiker, der keineswegs der katholischen Kirche zuzurechnen ist, sind es in der Ge-

---

88   Julien Freund, *La décadence – Histoire sociologique et philosophique d'une catégorie de l'expérience humaine*, Paris: Sirey 1984. Dabei stützt sich Freund primär auf die Schrift *Der Wille zur Macht* in der Fassung der Edition bei Gallimard 1948. Es handelt sich um eine Zusammenstellung von Fragmenten aus dem Nietzsche-Nachlass, die von Friedrich Würzbach vorgenommen wurde und sich quantitativ und in der Gliederung von der in Deutschland verbreiteten Textsammlung gleichen Titels (*Der Wille zur Macht. Versuch einer Umwertung aller Werte*, ausgewählt und geordnet von Peter Gast unter Mitwirkung von Elisabeth-Förster-Nietzsche, 13. Aufl., Stuttgart 1996) unterscheidet.

89   Julien Freund, *La décadence*, a.a.O., S. 152 ff. Vgl. hierzu die erstmalige Übertragung seines Essays ins Deutsche: *Julien Freund, Europa im Niedergang,* Berlin 2020, Ed. Europolis.

90   Pera war Ordinarius für Philosophie an der Universität von Pisa und war Präsident des italienischen Senats.

91   Marcello Pera/Joseph Ratzinger, *Senza Radici. Europa – Relativismo – Islam*, Mondadori 2004.

schichte der Menschheit stets kleine, kreative Minderheiten gewesen, die zivilisatorische Aufschwünge bewirkt und den Kulturzerfall verhindert hätten. Ratzinger lässt sich bei seinem Applaus für Toynbee[92] gewiss vom historischen Beispiel der urchristlichen Gemeinde leiten. Er scheint die Ansicht zu vertreten, dass den Christen in der Welt im Allgemeinen und den europäischen Gläubigen im Besonderen historische Verantwortung in der Gegenwart zukomme. Darin kommt indessen ein Handlungsparameter zum Ausdruck, der auch bei nichtchristlichen Kulturkritikern[93] vorgefunden wird. Wenn der zivilisatorische Aufstieg und Niedergang stets Menschenwerk – genauer gesagt das Werk von spirituell-kreativen Minderheiten – ist, dann müssten die gegenwärtigen Symptome der europäischen Dekadenz ebenso gut von diesen Eliten zu beheben sein.

Dieser Voluntarismus steht methodisch auf derselben Stufe wie die Postulate Freunds. Auch für Ratzinger gibt es keine Fatalität des zivilisatorischen Untergangs.[94] Vielmehr besteht immer die Option, durch entschlossenes Handeln einer Minderheit den Trend zu brechen oder gar umzukehren.[95]

Ratzingers Darstellung des heutigen Schismas zwischen nördlichen und südlichen Ländern Europas verrät Skepsis gegenüber dem öffentlich-rechtlichen Status der Kirchen Nord- und Mitteleuropas.

---

92 Ratzinger führt zwar das Werk Toynbees *Vergleichende Geschichte der menschlichen Zivilisation* an, zitiert es dennoch stets nach J. Holdt, *Hugo Rahner – Sein geschichts-philosophisches Denken,* Paderborn 1997.

93 Vgl. Julien Freund, *La décadence,* a.a.O.

94 Methodisch aufschlussreich ist seine Auseinandersetzung mit Spenglers *Der Untergang des Abendlands,* den Ratzinger (in Pera/Ratzinger, *Senza Radici,* a.a.O., S. 60 f.) sowohl wegen seiner biologistischen Kulturtheorie als auch wegen seines Europa-Pessimismus ablehnt.

95 Ratzinger in Pera/Ratzinger, *Senza Radici,* a.a.O., S. 72 und S. 61.

Die Reduktion des Protestantismus auf eine weltliche Morallehre sei der natürliche Effekt staatlichen Einflusses sowie das Ergebnis jener Liaison von preußischem Staat und Wirtschaftsliberalismus, von der Ratzinger bekanntlich wenig hält.

Worin sieht Ratzinger die Symptome der Krise, die er nur gelegentlich in öffentlichen Äußerungen mit dem Begriff Dekadenz umschreibt?[96]

Die Antwort hierauf erinnert an die fast kongruenten Äußerungen von Julien Freund in den 1970er-Jahren. Identisch mit Freund stellt Ratzinger fest, dass in dem Maße, wie sich weltweit die technisch-industrielle Zivilisation Europas einem Siegeszug ähnlich ausgebreitet habe, die Europäer es anderen, materiell weit unterlegenen Zivilisationen überlassen haben, spirituell den Ton anzugeben. Während zum Beispiel die arabischen Länder nach europäischer Infrastruktur lechzten und damit ihre Unterlegenheit unausgesprochen eingestehen, seien sie es, die mit großem Selbstbewusstsein ihre islamische Programmatik dem Westen entgegenschleudern. Ratzinger sieht an dieser Stelle die paradoxe Entwicklung von wirtschaftlichem Aufschwung und spirituellem Verfall. Europa habe fast seine *anima* verloren, wenn es anderen Zivilisationen liberal-tolerant entgegentrete und gleichzeitig auf die mit dem geistigen Erbe Europas verbundene Selbstachtung verzichte. An die Stelle dieser gebotenen Selbstachtung sei eine Form von Selbsthass getreten.[97]

---

96 Vgl. ebenda, S. 58 ff.

97 Ebenda, S. 70 ff. Er erinnert an die von ihm mehrfach aufgestellten Postulate der Unantastbarkeit der Menschenwürde, des unbedingten Schutzes von Ehe und Familie sowie des Primats christlicher Religion in Europa als Voraussetzung einer neuen zivilisatorischen Selbstfindung.

Die Symptome für eine spirituelle Entleerung sieht Ratzinger auch in der geistigen Haltung, die dem allseits bekannten und beklagten Problem des demographischen Wandels zugrunde liegt: »Das ist ein seltsamer Mangel an Willen zur Zukunft. Die Kinder, die doch die Zukunft darstellen, werden eher als eine Bedrohung der Gegenwart angesehen.«[98]

Obwohl sich Ratzinger bei der Frage, ob und wie der Niedergang aufzuhalten sei, auf die Erinnerung an das spirituelle Vermächtnis Europas beschränkt,[99] lässt sich anhand einiger Zwischenbemerkungen erkennen, worin er den Keim der spirituellen Entwurzelung Europas sieht. So seien die atheistisch-materialistischen Regime Osteuropas – und insbesondere ihre kommunistischen Eliten – sofort zur liberalen Marktwirtschaft konvertiert.[100] Stattdessen wäre es statthaft gewesen, den Weg des »demokratischen Sozialismus« zwischen Kommunismus und Kapitalismus weiterzugehen.[101] In vielen Dingen seien demokratischer Sozialismus und katholische Soziallehre nahe beieinander, weil beide zur »Bildung des sozialen Gewissens« beigetragen hätten.[102]

---

98 Ebenda, S. 60.

99 Ebenda, S. 67.

100 Ebenda, S. 68.

101 Ebenda, S. 64 f.

102 Ebenda S. 65. Diese Anknüpfung an den Begriff des »Demokratischen Sozialismus«, der auf dem Godesberger Parteitag der SPD 1959 geboren wurde, heute allerdings nur noch Postkommunisten als Parteiname dient, überrascht wegen der politischen Blindheit, die sich in seiner Verwendung ausdrückt, und zwar zu einem Zeitpunkt, in dem die ehemaligen Ökonomen des Dritten Wegs – von Michel Rocard bis Ota Sik – längst diese Idee ad acta gelegt haben. Er ist indessen aussagekräftig für die anhaltende Aktualität jenes antiliberalen und antiökonomischen Affekts, der jedweder katholischen Theologie im Industriezeitalter stets zu eigen gewesen ist.

Mit diesem antiliberalen Affekt geht die systematische Verkennung und Vernachlässigung des Ökonomischen durch den Katholizismus einher.[103] Papst Franziskus hat in seiner jüngsten Enzyklika »Fratelli tutti« diesen antiliberalen Affekt noch einmal antikapitalistisch gewürzt. Dass Europa in einer schweren Wirtschaftskrise steckt und damit gegenüber anderen Integrationsräumen nicht nur zurückfällt, sondern mit Problemen in der Verteilungspolitik konfrontiert ist, hat Ratzinger nicht erkannt. Dies mag gegebenenfalls eine viel größere konzeptionelle Schwäche des katholischen Theologen verraten. Seit *Schumpeter*[104] wird von Wirtschaftswissenschaftlern, Soziologen und Historikern der Keim der Dekadenz, der in jedwedem Wohlstand stecke, problematisiert. Das, was Ratzinger mit »Entleerung der Seelen« bezeichnet, ist die mit wachsendem Wohlstand zunehmende Abwendung des Menschen von der Religion. Dies koinzidiert (ohne Korrelation) mit der zunehmenden Auflösung von tradierten Institutionen der bürgerlichen Gesellschaft wie Ehe und Familie.

Gewiss, ein weites Feld. Um es zu bestellen, drängt sich die Frage auf, ob zwischen Wohlstand und Spiritualität ein *trade off* besteht. Die Katholische Kirche mag mit dem Gedanken liebäugeln, dass die Erleuchtung der Seelen in Armut besser sei als ihre Entleerung im Wohlstand. Dies hilft politisch-praktisch nicht weiter. Denn nur wenn eine breite Wohlstandsbasis erreicht wird, bestehen hinreichend ökonomische Spielräume, um die Armut durch Umverteilung zu marginalisieren.

---

103 Vgl. Markus C. Kerber, *Über das Ökonomie-Defizit bei Carl Schmitt,* Iablis – Das Jahrbuch für europäische Prozesse. Jahrgang 2020.

104 Josef Schumpeter, *Kapitalismus, Sozialismus und Demokratie,* übersetzt von Susanne Preiswerk 1950, 3. Aufl., München 1970.

Wenn man sich bei der Erläuterung des Beitrags von Politik-
wissenschaft und Geschichte zum Dekadenzbegriff auf jene Vertreter der Fächer konzentriert, die am umfassendsten versucht haben, der Problematik gerecht zu werden, so führt der Weg zu Julien
Freund. Der bei *Raymond Aron* mit einer Dissertation zur Essenz
des Politischen promovierte und vielfach versierte Wissenschaftler aus Straßburg[105] hat eine umfassende Auseinandersetzung mit
dem Begriff der Dekadenz als Kriterium geliefert.[106] Er speist sein
gediegenes Interesse am Phänomen der Dekadenz aus einer Zeit-
geist-Skepsis, die ihn angesichts der Kulturrevolution an den französischen Universitäten veranlasste, frühzeitig zu emeritieren. Sein
Werk verbindet die belesene Darstellung des politischen Phänomens von Dekadenz mit sehr dezidierten Wertungen zur geistigen
Situation seiner Zeit. In der Tat ist es jene von Jaspers beschriebene »geistige Situation der Zeit«[107], die Freund 40 Jahre später veranlasste, zu diesem Phänomen so umfangreich Stellung zu
nehmen.[108]

---

105 Julien Freund, *L'Essence du Politique,* in der Fassung der 3. Aufl. von 1986, Paris: Dalloz
   2004.
106 Julien Freund, *La décadence,* a.a.O. Siehe die auszugsweise Übersetzung ins Deutsche: Juli-
   en Freund, *Europa im Niedergang?,* Berlin 2020, Edition Europolis.
107 Karl Jaspers, *Die geistige Situation der Zeit,* 9. Abdruck der im Sommer 1932 bearbeiteten
   5. Aufl., Berlin/New York 1999.
108 Vgl. die Zusammenfassung seiner Dekadenz-Theorie, Julien Freund, *Europa im Niedergang?,* a.a.O.

WAS SAGT DIE ÖKONOMIE ZUR DEKADENZ?

Mit seinem Werk über den Aufstieg und Niedergang von Nationen[109] betrat der Nationalökonom *Mancur Olson* das Terrain der Sozialwissenschaften, indem er die wirtschaftswissenschaftlichen Erklärungsdefizite – insbesondere für das zu jener Zeit akute Phänomen der Stagflation – als Resultat mangelnder Interdisziplinarität qualifizierte.[110]

Olsons zeitgeschichtlicher Anknüpfungspunkt sind die 1970er-Jahre, in welchen die ökonomische Theorie sich erstmals mit der Kombination aus Wachstumsschwäche und hoher Inflation konfrontiert sah. Das damalige Phänomen der Stagflation ließ die Regierungen ratlos. Sie wussten hierauf ebenso wenig zu reagieren, wie die Nationalökonomie – aufgeteilt in Neoklassiker einerseits und Keynesianer andererseits – hierfür eine plausible Erklärung finden konnte. Es lag also nahe, Olsons düstere Ahnungen über eine beginnende Unregierbarkeit der westlichen Staaten ernst zu nehmen. Dementsprechend war das politische Ziel von Olsons Untersuchung eindeutig: Wer die fundamentale Causa für die Stagflation zu erklären vermochte, musste auch in der Lage sein, ein wirtschaftspolitisches Konzept zu ihrer Bewältigung auszuarbeiten. Auf diese Weise würde die zeitweilige »Unregierbarkeit« der westlichen Demokratien überwunden werden.[111]

Für ihn ist Niedergang mit dem Verlust an wirtschaftlicher Dynamik, so sie sich in Wachstums- und Inflationsraten ausdrückt, gleichbedeutend. Erst der Mangel ihrer ökonomischen Erklärbarkeit veran-

---

109   Mancur Olson, *The Rise and Decline of Nations*, 1982, Yale University Press.

110   Vgl. ebenda. Olson wirft darin den Ökonomen vor, professionelle Scheuklappen zu tragen, und fordert sie dazu auf, »to look to the side, at the domains of other disciplines«.

111   Ebenda, S. 8.

---

lasst ihn zu Zweifeln an der Regierbarkeit westlicher Demokratien. Es verwundert daher nicht, wenn Olson universalhistorische Ansätze zur Analyse von Dekadenz wie die von *Toynbee*[112] und *Spengler*[113] in das Reich der »familiar historical tales« verweist[114] und diese als spekulativ qualifiziert. Man mag angesichts des konkreten historischen Anknüpfungspunktes von Olson seine Untersuchung bereits deshalb für überholt halten, weil die gegenwärtige Problemlage des Westens eindeutig andere Schwerpunkte zeigt. So scheinen die Regierungen Europas durch die Problemkumulierung von Wachstumsschwäche und niedriger Inflation sowie extrem hohen Schuldenständen und dramatisch alternden Bevölkerungen gelähmt zu sein. Das Phänomen der Stagflation liegt lange hinter ihnen und hat genauso wie die nationalökonomischen Theoriedebatten jener Zeit bestenfalls noch Erinnerungswert.

Gebhard Kirchgässner hat darauf hingewiesen, dass Olsons Theorem aus der These über den Zusammenhang zwischen politischer Stabilität (Saturiertheit) und Wachstumsschwäche bestehe. Es sei ihm indessen nicht gelungen, hierfür auch die erforderlichen formalen Beweise zu erbringen. Die Schilderung von Beispielen sei zwar plausibel,[115] reiche aber für den rationalen Nachweis des behaupteten Zusammenhangs nicht aus.[116] Im Übrigen würdigt Kirchgässner die Untersuchung

---

112 Arnold Toynbee, *Menschheit und Mutter Erde. Die Geschichte der großen Zivilisationen,* Düsseldorf 1979.

113 Oswald Spengler, *Der Untergang des Abendlandes. Umrisse der Morphologie einer Weltgeschichte,* 9. Aufl. des 1922 erschienenen Textes, München 1988.

114 Mancur Olson, *The Rise and Decline of Nations,* a.a.O., S. 2.

115 So zum Beispiel die Auswirkungen der Trade Unions im Großbritannien der Nachkriegszeit; vgl. des Näheren *Rise and Decline,* a.a.O. S. 75 ff.

116 Gebhard Kirchgässner, *Homo Oeconomicus,* 2. Auflage, Tübingen 2000 S. 130.

Olsons als eine Auseinandersetzung mit der von Keynesianern nicht zu erklärenden Kombination aus Inflation und Wachstumsstillstand. Er hält diese Kritik für ebenso legitim[117] wie Olsons These von der Organisation von *special interest groups,* die den Staat daran hindern, seine Politik an neue wirtschaftliche Sachverhalte anzupassen. In *The Rise and Decline of Nations* hat Olson unter Bezugnahme auf ein anderes Werk, in welchem er bereits ökonomische Methoden auf soziale Sachverhalte anwandte,[118] darauf hingewiesen, wie sehr in Zeiten üppigen Wohlstands und politischer Stabilität partikulare Interessengruppen sich des Staates bemächtigen. Sie wollen ihn daran hindern, Politik über Gruppen hinweg und mit einer gewissen Überzeitlichkeit – man würde heute sagen: Nachhaltigkeit – zu betreiben. Dies ist wiederum ein tatbestandlicher Anknüpfungspunkt, der sich gegenwärtig zugespitzter formulieren ließe: Sind angesichts der auch konzeptionell ungelösten Probleme von Wachstumsschwäche, Demographie und Staatsverschuldung die industriellen Demokratien westlicher Prägung – darunter Deutschland – tendenziell dabei, sich um die wichtigste wirtschaftliche Voraussetzung demokratischer Kultur – Wohlstand für die große Mehrheit der Bevölkerung – zu bringen? Ist das gegenwärtige Problem der Demokratien, sich aus der Falle von Staatsverschuldung und Wachstumsschwäche zu befreien, um Sozialstaat und Marktwirtschaft wieder ins Gleichgewicht zu bringen, Symptom für den politi-

---

117 Hier liegt nach dem Bekunden von Olson nicht der Schwerpunkt seines Anliegens: »My hope is that the debate over Keynes soon can be left to the historians of economic thought ...« Vgl. *Rise and Decline,* a.a.O. S. 232.

118 Mancur Olson, *The Logic of Collective Action,* 1. Aufl., Harvard University Press 1965, deutsche Version zu finden unter: Olson, *Die Logik des kollektiven Handelns,* Tübingen 1968.

schen Niedergang (der Demokratie), der den irreversiblen wirtschaftlichen Niedergang nach sich zieht?

Eine indirekte Antwort ist aus den analytischen Instrumenten, die in Olsons Untersuchung verwandt werden, zu entnehmen. Insofern ist Kirchgässners Hinweis, dass »Rise and Decline« nur eine applikative Schrift des grundlegenderen Werkes *The Logic of Collective Action* sei, zutreffend[119]. In der Tat sind die Schlussfolgerungen Olsons[120] für den Zustand marktwirtschaftlicher Demokratien gerade vor dem Hintergrund gegenwärtiger Verteilungskämpfe gut nachvollziehbar. Dass immer mehr und immer kleinere Interessengruppen in »stabilen Gesellschaften« über ein Ausmaß an Einfluss verfügen, der ihrer demokratischen Repräsentativität nicht entspricht, gehört mittlerweile zu den soziologischen Gemeinplätzen der Bundesrepublik Deutschland. Dass das bewusste oder unbewusste Zusammenwirken all dieser Organisationen bis hin zur Kollusion die (marktgesteuerte) Ausdifferenzierung hindert und damit die Anpassungsfähigkeit der Gesellschaft an technischen oder sonstigen Wandel verlangsamt, lässt sich exemplarisch an den deutschen Zuständen belegen. Die wirtschaftlichen Rigiditäten lassen sich oft auf Verbände zurückführen, die ihre Aufgabe darin sehen, Marktmechanismen insbesondere bei der Einkommensverteilung zu suspendieren. Dies gilt nicht nur für zentral verhandelte Flächentarife, die auf Grund politischen Gewohnheitsrechts der sogenannten Sozialpartner nahezu bundesweit einheitlich

---

119 Diese Wertung ist insofern gut nachvollziehbar, weil Olson in Kapitel 2 seines Werkes unter der Überschrift »The Logic« die Hauptergebnisse seiner Untersuchung zur *The Logic of Collective Action* wieder aufnimmt.

120 Olson nennt sie implications, vgl. *Rise and Decline*, a.a.O., S. 36 ff., insbesondere die Zusammenfassung S. 74.

– wenn auch unter dem Vorbehalt der Öffnungsklauseln – prakti-
ziert werden.

Der Schwerpunkt von Olsons Analyse müsste indes verlagert werden. Es geht darum, herauszufinden, warum die politische Klasse so
systematisch den Schleier des Nichtwissens oder des Nichtwissenwol-
lens über eine Entwicklung der Staatsausgaben und der Abgabenlast
sowie der Demographie ausgebreitet hat, statt – wie es ihrer Gemein-
wohlorientierung entsprechen würde – diese Probleme beim Namen
zu nennen und frühzeitig präventiv zu bekämpfen.

Doch nicht nur die vorübergehenden Erklärungsdefizite der Ökonomie angesichts des neuen Phänomens der Stagflation machen industrielle Demokratien unregierbar. Vielmehr ist die über mehrere
politische Zyklen organisierte Verschleppung struktureller Gleichge-
wichtsstörungen und Asymmetrien (Abgabenlast/Schuldenstand sowie Sozialkonsum bei anhaltend hoher Arbeitslosigkeit) die eigentliche Causa des ökonomisch-politischen Niedergangs. Dies wurde in
allen industriellen Demokratien von der gesamten politischen Klasse geradezu organisiert, ohne dass die politische Klasse in toto hierfür zur Rechenschaft gezogen wurde. Im Gegenteil: Die Binnenplura-
lität innerhalb der politischen Klasse erlaubt dem Wähler nur solche
Sanktionen, die die Machtverteilung innerhalb der politischen Klasse modifiziert, ohne sie in ihrer Gesamtheit zu revozieren. Dieser unverzichtbare Sanktionsmechanismus ist in keiner Demokratie – auch
nicht in solchen mit langer plebiszitärer Tradition – vorgesehen. De
lege lata ist die Gründung einer neuen politischen Opposition der
einzige gangbare Weg, um zumindest partiell die politische Klasse zu
sanktionieren. Angesichts der meist verspäteten Wahrnehmung einer
sich zuspitzenden Problemlage kommt eine politische Neugründung

nur dann in Betracht, wenn die finanziellen und organisatorischen
Mühen einer Parteigründung geringer erscheinen als die gesellschaftlichen Kosten ihrer Unterlassung.

Sobald es um historische Prozesse – wie hier um die Identifizie-
rung von Dekadenz – geht, darf sich die wissenschaftliche Analytik
nicht auf die Betrachtung von wirtschaftlichen Aggregaten reduzie-
ren. Dies gilt besonders für die Bestimmung jenes Zeitpunkts, in dem
sich die Macht ungelöster wirtschaftlicher Probleme (also eine schwere Störung des ökonomischen Gleichgewichts) politisch entlädt. Es
mag sein, dass die moralisierenden Skripten des Universalhistorikers
Toynbee wenig analytische Kriterien bieten. Aber sowohl ihn als auch
Spengler als »Märchenerzähler« aus der Rationalität zu verbannen, erscheint angesichts der eigenen Erklärungsdefizite nicht überzeugend.

So hätte Spengler auf Olson antworten können:

> »... Hier rächt sich der Transfer des Kausalprinzips aus der
> Naturwissenschaft in die Geschichtsforschung. Man kam
> unbewusst zu einem das Weltbild der Physik oberflächlich
> nachahmenden Pragmatismus, der die ganz andersartige
> Formensprache der Historie verdeckt und verwirrt, nicht
> erschließt.«[121]

Seitdem die Neue Politische Ökonomie sich jedoch als *eine* Theorie der Politik systematisch etabliert hat, scheint sie sich darauf zu
beschränken, sich im wissenschaftlichen Kanon der unterschiedlichen Erklärungsansätze des so komplexen Phänomens *Politik* eine

---

121 Oswald Spengler, *Der Untergang des Abendlandes,* a.a.O., S. 39.

brückenbauende Plattform zu sichern. Sie legt, so im Werk von *Guy Kirsch,* Wert auf den natürlicherweise beschränkten Erklärungswert ihres methodischen Ansatzes des rationalen Wahlverhaltens[122] und räumt sogar ein, dass *rational choice* höchst irrational sein könne, wenn die Entscheidung auf Uninformiertheit basiere oder auf Affekten beruhe. Damit nicht genug: Kirsch räumt sogar ein, dass ein sehr weiter Rationalitätsbegriff die Gefahr in sich berge, zur methodischen Leerformel zu werden.[123] Trotz oder vielleicht gerade wegen dieser Konzession wucherte unter dem Signet der Neuen Politischen Ökonomie die methodische Applikation des *rational choice* auch in esoterische Richtungen.[124] Dies ist vielleicht der Preis dafür, dass die Neue Politische Ökonomie, so wie sie Guy Kirsch vertritt, interdisziplinär geläutert im Streit der Fakultäten über die »rechte Sicht der Politik« beziehungsweise ihre verschiedenen wissenschaftlichen Erklärungen, einen ihr gemäßen Platz gefunden hat. Diese Läuterung scheint den Blick auf das komplexe Phänomen der Politik auch insofern geschärft zu haben, weil nicht nur bestehende Erklärungsdefizite eingestanden werden, sondern der Prozesscharakter von Politik realistischer als noch von Olson in die Betrachtungen einbezogen wird. Eine solche Akzentverschiebung bewirkt, dass sich die Neue Politische Ökonomie erstmals der Einzigartigkeit des »historischen Augenblicks« als ökonomisch schwer fassbarem und noch schwerer zu erklärendem Phänomen nähert[125]

---

122 Guy Kirsch, *Neue Politische Ökonomie,* 5. Aufl., Stuttgart 2004, S. 1, 7 f.

123 Ebenda, S. 8.

124 Vgl. zum Beispiel Bruno Frey/Alois Stutzner, What can Economists learn from Happiness Research, *Journal of Economic Literature* 40, 2002, S. 402-435.

125 Guy Kirsch, Neue Politische Ökonomie, a.a.O., S. 11 ff.

und demgemäß gar nicht erst versucht, das Phänomen des »Entstehens, Bestehens und des Vergehens von Institutionen«[126] mathematisch zu modellieren.

Nach einer geschichtlichen Darlegung der unterschiedlichen Konzepte, die mit Institutionen verbunden waren und sind,[127] geht Kirsch auf die »Stabilitätsbedingungen und Instabilitätsgefährdungen« der Demokratie ein.[128] Diese verortet er im Wesentlichen in der Umverteilungspolitik des Staates. Mit der wachsenden Polarisierung der Gesellschaft in ökonomisch und politisch Privilegierte und Unterprivilegierte sinke der Nutzen der Privilegien und stiegen die Kosten ihrer Mehrung oder Verteidigung. Würden sich die Institutionen nicht so wandeln, dass derartige Ungleichgewichte abgebaut würden, bestände die Gefahr eines revolutionären Umbruchs. Hierfür hält Kirsch die Formel parat: Die institutionellen Regeln wandeln sich. Es gibt Wandel in Kontinuität und Kontinuität im Wandel.[129] Komme es dennoch zum Umbruch, spreche viel dafür, dass sich spontan – ähnlich wie Hayek es formulierte[130] – eine neue funktionale Ordnung bilde: »Mag auch die institutionelle Ordnung den Kern ihrer Entartung in sich tragen, so erweist sich die institutionelle Ordnung doch als ein Kind der gesellschaftlichen Unordnung.«[131]

---

126 Ebenda, S. 397..

127 Ebenda, S. 397 ff.

128 Ebenda, S. 400 ff.

129 Ebenda, S. 403.

130 Friedrich August v. Hayek, Evolution und spontane Ordnung, in: F. A. v. Hayek, *Die Anmaßung von Wissen. Neue Freiburger Studien,* herausgegeben von Wolfgang Kerber, Tübingen 1996, S. 102 ff.

131 Ebenda, S. 105.

LIEGT IN DER DEMOKRATIE DER
KEIM ZUR DEKADENZ?

Seit *Alexis de Tocqueville* mit seiner Analyse der *Demokratie in Amerika* vor mehr als 150 Jahren den unaufhaltsamen Sieg der Demokratie voraussagte,[132] hat sich die Zahl »demokratischer Staaten« signifikant erhöht.[133]

Am anhaltenden Sieg der Demokratie beziehungsweise ihrer politisch-institutionellen Überlegenheit bestehen indessen mittlerweile besonders in jenen Ländern Zweifel, in denen demokratische Kultur inzwischen auf eine lange Tradition zurückblicken kann und mit erstaunlichen Wohlstandsgewinnen verbunden war. Gemeint sind in unterschiedlicher Ausprägung nahezu sämtliche westlichen Demokratien, denen eines gemeinsam ist: Bis vor kurzer Zeit weigerten sie sich, jene ökonomisch-gesellschaftlichen Gefährdungslagen wahrzunehmen, aufzuarbeiten und präventiv zu gestalten, die die materiellen Voraussetzungen der Demokratie – die Existenz eines hohen Wohlstandsniveaus in Verbindung mit einer breiten, gewerblich aktiven und erfolgreichen Mittelschicht – strukturell angreifen und gegebenenfalls nachhaltig beseitigen werden. Gemeint sind damit nicht etwa jene konjunkturellen Oszillationen, mit denen sich Olson unter der Überschrift »Stagflation« auseinandersetzte. Vielmehr handelt es sich um Problemlagen, deren politisch-ökonomische Brisanz unmöglich ignoriert werden kann:

---

132 Alexis de Tocqueville, *De la Démocratie en Amérique,* Text der 12. Aufl. mit einem Vorwort von François Furet, Paris: Flammarion 1981.

133 Vgl. hierzu die referierten Hinweise von Graf Kielmansegg auf die Demokratie-Statistik von Freedom House in *FAZ*, 8.12.2004, S. 7.

- Die Alterung der westlichen Gesellschaften einhergehend mit dem Geburtenrückgang – beschönigend »demographischer Wandel« genannt – lässt sich in ihren negativen Auswirkungen auf das Wirtschaftswachstum nicht endgültig quantifizieren. Dagegen liegen seit vielen Jahren die quantifizierten Prognosen für die Konsequenzen in den Sozialversicherungen (Alter und Krankheit) vor. Im Prinzip ist diese Gefährdungslage bekannt, seitdem Ende der 1970er-Jahre die ihr zugrunde liegenden gesellschaftlichen Trends erkennbar waren. Dass – wenn auch verspätet – über die sozialpolitischen Folgen in Gestalt einer großangelegten Reform von Renten- und Krankenversicherung gestritten wird, verdankt die Demokratie weniger sich selbst, sondern der allgemeinen Rede- und Pressefreiheit. Da die Gefährdungslage immer offener zu Tage trat, haben sich Wissenschaft und Publizistik ihrer angenommen. Erst auf diese Weise fand das Thema »Demographischer Wandel und Reform der sozialen Sicherung« überhaupt Eingang in die Beschlussvorlagen demokratischer Institutionen und in die Köpfe ihrer Mandatsträger.

- Die in Europa historisch einmalig hohen Schuldenstände sind bereits für sich genommen in einer sehr langen Periode monetärer Niedrigzins-Politik ein Gefahrenherd. Sollte sich die Europäische Zentralbank – nicht nur aus stabilitätspolitischen Gründen der Inflationsbekämpfung – dazu gezwungen sehen, ihre Politik des billigen Geldes auch nur signifikant zu ändern, würden die Zinskosten in den öffentlichen Haushalten selbst dann explodieren, wenn ein solcher Politikwechsel bei stetig hohem Wachstum erfolgen könnte. Da der Finanznotstand zwangsläufig eintritt, wenn ein solcher geldpolitischer Kurswechsel mit einer Rezession einhergeht, kann dieser in seinen Ausmaßen für einzelne Länder berechnet werden.[134] Indessen wird diese Gefahrenlage von den politischen Mandatsträgern der Demokratie nur deshalb wahrgenommen, weil die Anwendung des Stabilitätspaktes die fiskalische Inflexibilität der großen EU-Mitgliedstaaten in das allgemeine Bewusstsein gehoben hat und bei dieser Gelegenheit die EZB nicht müde wird, im Hinblick auf die absehbaren zusätzlichen Ausgaben auf Grund der irreversiblen Alterung den Ad-hoc-Ausgleich der öffentlichen Haushalte einzufordern, um irreversible Ungleichgewichte zu vermeiden.

• Die nur aufgeschobene Energie- und Klimakrise. Unabhängig davon, wann exakt die fossilen Brennstoffe des Planeten verbraucht sein werden, wird bereits bei Fortsetzung der gegenwärtigen Energiewirtschaft, zu der die westlichen Demokratien den größten Teil beitragen, die Erderwärmung durch CO_2 in einem Maße zunehmen, dass hiervon nicht nur die Gesundheit des Einzelnen, sondern auch das globale klimatische Gleichgewicht negativ berührt wird. Kein vernunftbegabter Mensch vermag diese Gefährdungslage zu ignorieren.

---

134 Markus C. Kerber, *Der verdrängte Finanznotstand,* Heidelberg 2002 S. 150 ff.; Martin Werding/Anita Kaltschütz, *Modellrechnungen zur langfristigen Tragfähigkeit der öffentlichen Finanzen,* Ifo Beiträge zur Wirtschaftsforschung, Band 17, Ifo Institut für Wirtschaftsforschung, München 2005.

Zwar hat sich die Demokratie über viele Länder ausgebreitet, doch steckt sie gerade in der westlichen Welt in einer Effizienzproblematik (Governance) neuer Art: Sie hat nicht nur die großen Probleme ihrer Gesellschaften bisher nicht gelöst, sondern diese auch noch über Jahre ignoriert oder durch den Dilettantismus ihrer Politiker verschärft. Damit scheint zwischen legitimatorischen Vorteilen der demokratischer Herrschaft und den Kosten von Demokratie wenn nicht ein *trade off*, so doch ein Spannungsverhältnis zu bestehen.

Zum Effizienzproblem der heutigen Demokratie (Governance) gesellen sich zwei weitere Trends, die die Effizienzproblematik verschärfen.

Die Relativierung des Werts von *Arbeit*

Bei dem einen handelt es sich um den »Umstand«, dass in den westlichen Ländern der Wille zur Arbeit trotz strukturell hoher Arbeitslosigkeit nicht zu-, sondern abgenommen hat. Es gibt unzählige makroökonomische Erklärungsversuche für strukturelle Arbeitslosigkeit. Doch an der Feststellung der Existenz einer industriellen Reservearmee, die sich in der Arbeitslosigkeit bei hohem Wohlstandsniveau eingerichtet hat, geht in Europa kein Weg vorbei. Nicht die Arbeitslosigkeit ist ein Massenphänomen, sondern der Unwille zur Arbeit ist in demokratischen Gesellschaften gesellschaftlich akzeptabel geworden. Dies lässt sich politökonomisch nur dadurch erklären, dass die Stimmen der »Arbeitssuchenden« zahlreicher sind als diejenigen der Kaufleute und Industriellen und deshalb demokratische Politik bislang nicht bereit war, in die Besitzstände »befriedeter Arbeitslosigkeit« einzugreifen. Das Unbehagen an derartigen Eingriffen würde

schnell in medial vermittelte Massenempörung von Wählern umschlagen, die entsprechend demokratischer Rationalität ihre Wahl-
stimme zum Erhalt des Status quo einsetzen. Auch wenn derartige
Eingriffe zurzeit nicht einmal diskutiert werden, gibt es doch eine
Vorfeldwirkung auf Politiker. Sie verzichten zur Prävention etwaigen
Protests auf jene Einschnitte bei der Arbeitslosenversicherung, die die
Anreize zum Verweilen in der Erwerbslosigkeit definitiv beseitigen
würden. Sedierung ist indessen auf Dauer ein kostspieliges Instrument des Sozialstaates.

Ob Demokratie eine Wertegemeinschaft sei, wurde stets kontrovers
diskutiert. Doch bestand bei Einführung der Arbeitslosenversicherung und sogar noch bei ihrem Ausbau ein gesellschaftlicher Konsens
darüber, dass diese Leistungen stets nur subsidiär und in Ausnahme-
fällen in Anspruch genommen werden sollten. Es galt die Maxime:
Jeder Bürger hat die Pflicht zur Arbeit, jedenfalls möge er sich um Arbeit bemühen. Die unausrottbare Diskussion über das »Recht auf Arbeit« ist nicht nur juristisch undurchdacht und ökonomisch unerfüll-
bar, sondern die direkte Resultante eines demokratischen Diskurses,
bei der das wachsende Maß der Zustimmung zu dieser Forderung der
ökonomischen Ratio des Postulats diametral entgegengesetzt ist. Dass
die demokratische Gewöhnung an die wachsende Zahl von Arbeits-
unwilligen einherging mit einem bisher abnehmenden Protest der arbeitenden und beitragszahlenden Steuerzahler, hängt nicht nur mit
den Stimmenverhältnissen zusammen. Vielmehr geht mit der Gesell-
schaftsfähigkeit von »organisierter Erwerbslosigkeit« ein Verfall der
Arbeit als Wert einher. Dies steht im krassen Widerspruch zu den
Anforderungen einer modernen Industrie- und Dienstleistungsgesell-
schaft. Mit sechs Wochen Ferien, zahllosen Feiertagen, verlängerten

Wochenenden und der sanktionslosen Zusatz-Option »krank zu feiern«, sind – mit Ausnahme der USA – alle westlichen Demokratien in die Freizeitgesellschaft abgeglitten. So können Arbeitsplätze mittlerer Güte in Verwaltung und Industrie heute mit einem historisch minimalen Zeiteinsatz vom jeweiligen »Arbeitnehmer« ausgefüllt werden, ohne dass es Möglichkeiten der Kündigung gibt. Aus der bei *Marx* noch idealisierten Arbeit »als Stoffwechsel des Menschen mit der Natur«[135] ist längst jener Freizeit-Kommunismus geworden, den *Engels* in seinen wunderbaren Vereinfachungen[136] als den historischen Endzustand der Menschheit beschrieben hat. Den westlichen Demokratien ist hingegen nicht die Arbeit ausgegangen. Vielmehr haben sie der massenhaften Arbeitsverweigerung eine feste institutionelle und materielle Grundlage gegeben und die Infragestellung dieser Sozial-Infrastruktur politisch tabuisiert.

Die Ab-Wertung von Arbeit und die Zerstörung ihres Ethos durch den Sozialstaat – jenen *deep state* organisierter Faulheit – ist genau das Gegenteil der Arbeitsverherrlichung durch *Marx/Engels* sowie ihrer ideologischen Nachfolger mit dem hinreichend bekannten Diskurs über die »arbeitenden Menschen« oder gar die »Werktätigen«. Dass die Demokratie die Aushöhlung des Wertes von Arbeit nicht hat verhindern wollen, sondern beschleunigen konnte, ist ein Faktum, das nur sehr marginal von der Wissenschaft wahrgenommen und problematisiert wird.[137]

---

135 Vgl. Karl Marx/Friedrich Engels, *Manifest der Kommunistischen Partei*, Ausgabe der Textfassung von 1848 des Verlags für fremdsprachige Literatur, Peking 1970.

136 Gemeint ist Karl Marx/Friedrich Engels, *Manifest der Kommunistischen Partei*, a.a.O., S. 50.

137 Vgl. Dominique Méda, Le Travail, *Une valeur en voie de disparition*, Paris: Aubier 1995.

Das Ausmaß demokratisch veranlassten Wertewandels ist epochal: Sollte nicht gerade in einer naturwissenschaftlich gebildeten Gesellschaft bei den Eliten bekannt sein, dass embryonales Leben alle genetisch-individualisierten Kennzeichen eines vollständigen Menschen enthält?

Wie kommt es indessen, dass dieses schutzlose und daher besonders schützenwerte Leben eines Menschen der staatlich genehmigten Gewalteinwirkung durch Mutter und Arzt ausgesetzt werden darf, ohne dass dies massenhaften Protest in einer Gesellschaft mit perfektionierten Techniken der Empfängnisverhütung auslöst? Der politischen Linken als historischer Wortführerin der Abtreibungslegalisierung scheint nicht aufgefallen zu sein, dass ein embryonaler Mensch ungleich schutzloser und daher schutzwürdiger als der elendeste Proletarier eines Entwicklungslandes ist.

Ob angesichts dieses demokratischen Sittengemäldes Tocqueville noch von der »douceur des mœurs démocratiques«[138] sprechen würde oder die Qualifizierung als »facilité démocratique« bevorzugen würde, ist eine hypothetische Frage.

Nach alledem katalysiert Demokratie denjenigen Wertewandel, der infolge des Sozialstaats der Mehrheit der Bevölkerung als Norm präsentiert wird. Sie greift von jenem Moment, in welchem in der Gesellschaft für die politisch-legislative Umsetzung dieses Wertewandels eine Mehrheit vorhanden ist, die Stimmträger dieses Wertewandels gierig auf, um sie elektoralistisch an sich zu binden. Selbst in solchen Ländern, in denen eine Verfassungsgerichtsbarkeit besteht, ist

---

138 Lieblichkeit demokratischer Sitten.

deren Einfluss auf den gesellschaftlichen Wertewandel gratwandernder Art.[139]

Die Überwindung von demokratisch veranlasster Dekadenz

In der demokratieskeptischen Literatur gibt es seit langem eine Litanei von Autoren, die – überwiegend dem rechten Spektrum zugehörig – das Ende der Demokratie vorhersagen. Sieht man die Dürftigkeit ihrer Analyse,[140] so ist der Eindruck unvermeidlich, dass hier der Wunsch Vater des politischen Gedankens ist. Diesem vermeintlichen Wunsch liegt aber mitnichten eine messerscharfe ökonomische Analyse der Fehlleistungen demokratischer Herrschaft zugrunde, sondern vor allem die Furcht, dass die westlichen Demokratien angesichts der – mittlerweile historischen – Bedrohung durch die UDSSR und ihre Satelliten einknicken würden. Die aufwühlenden Pamphlete von Revel[141] an die westliche Welt verraten die große Furcht der Rechten vor dem Kommunismus, aber auch ihre maßlose Überschätzung sei-

---

139 Was vermag der grundrechtliche Schutz der Ehe als Lebensgemeinschaft bewirken, wenn diese zunehmend als Leidensgemeinschaft aufgefasst und durch Lebensabschnitt-Gemeinschaften ersetzt wird? Das nimmt der Verfassungsgerichtsbarkeit indessen nicht die Warn- und gegebenenfalls Bollwerk-Funktion, wenn es darum geht, außerehelichen Gemeinschaften und insbesondere gleichgeschlechtlichen Paaren die rechtlichen Privilegien der Ehe zu verwehren und ihnen jedenfalls den gesetzlichen Rahmen für die Adoption von Kindern vorzuenthalten. Zu dieser Problematik vgl. das Plädoyer des französischen Theologen Xavier Lacroix für die Vaterschaft: *Passeurs de Vie, Essai sur la Paternité,* Paris: Bayard 2004.

140 Vgl. für den französischen Sprachraum Alain de Benoist, Démocratie représentative et Démocratie participative, in: Ders., *Critiques – Théoriques,* 2002 Lausanne: Éditions L'Age d'Homme, S. 426 ff.

141 Jean-François Revel, *Comment les démocraties finissent,* Paris: Grasset 1983.

ner ökonomischen Kraft. Es ist für diese Analysen bezeichnend, dass sie fast ausschließlich politisch-militärischen Kategorien folgen und so das abrupte Ende des Kommunismus in ihrer Prognose methodisch verfehlen mussten. Diese Demokratie-Skeptiker, die den westlichen Demokratien einzig einen Mangel an antikommunistischem Mumm vorwarfen, können zu den heutigen Effizienzproblemen der Demokratie wenig beitragen.

Was bleibt von den wissenschaftlichen Bemühungen, das Phänomen der Dekadenz einzufangen? Das Eingeständnis, nicht durch Konzepte oder Begriffe dem Phänomen beizukommen, sondern in jedweder konkreten Situation eine Entscheidung zu treffen: Sind wir dekadent? Diese Frage sollten sich die Deutschen stellen. Tun sie es, wäre dies bereits für sich genommen ein Fortschritt.

LITERATURVERZEICHNIS

Burckhardt, Jakob: *Weltgeschichtliche Betrachtungen*. Mit einem Nachwort von Jürgen Osterhammel, München 2018.

De Benoist, Alain: *Démocratie représentative et Démocratie participative*, in: Ders., Critiques – Théoriques, Lausanne: Éditions L'Age d'Homme 2002.

De Gaulles, Charles: *Die Schneide des Schwertes*, übersetzt von Carlo Schmid, 1. Aufl., Frankfurt 1981.

De Tocqueville, Alexis: *De la Démocratie en Amérique*, Text der 12. Aufl., mit einem Vorwort von François Furet, Paris: Flammarion 1981.

Erkel, Moritz Alexander: *Die Letztsicherung der europäischen Bankenabwicklung durch den ESM*, Diss., Marburg 2020.

Freund, Julien: *La décadence – Histoire sociologique et philosophique d'une catégorie de l'expérience humaine*, Paris: Sirey 1984.
- *L'Essence du Politique*, in der Fassung der 3. Auflage von 1986, Paris: Dalloz 2004.

Frey, Bruno/Stutzner, Alois: *What can Economists learn from Happiness*, Research, *Journal of Economic Literature 40*, 2002.

Holdt, Johannes: *Hugo Rahner – Sein geschichtsphilosophisches Denken*, Paderborn 1997.

Jaspers, Karl: *Die geistige Situation der Zeit*, 9. Abdruck der im Sommer 1932 bearbeiteten 5. Aufl., Berlin/New York 1999.

Kerber, Markus C.: *Die Draghi-Krise*, München 2018

- *Über das Ökonomie-Defizit bei Carl Schmitt, Iablis – Das Jahrbuch für europäische Prozesse*, Jahrgang 2020.
- *Der verdrängte Finanznotstand*, Heidelberg 2002.
- *Nach der Entscheidung: Die praktischen Perspektiven der Bankenunion und die Erwartung an den Gesetzgeber*, Zeitschrift für Wirtschafts- und Bankrecht, Wertpapiermitteilungen, 2020, S. 859–865
- *Sargnägel auf dem Anlegerschutz*, Zeitschrift für Wirtschafts- und Bankrecht, Wertpapiermitteilungen, 2019, S. 1333–1336

Kerber, Markus C./von Stein, Johann Heinrich: *Finanzstabilität oder Bankenunion?*, Metropolis Verlag, Marburg 2019.

Kirchgässner, Gebhard: *Homo Oeconomicus*, 2. Aufl., Tübingen 2000.

Kirsch, Guy: *Neue Politische Ökonomie*, 5. Aufl., Stuttgart 2004.

Koselleck, Reinhart: *Kritik und Krise*, Suhrkamp Taschenbuchausgabe 2013, Frankfurt, 12. Aufl.

Lacroix, Xavier: *Passeurs de Vie, Essai sur la Paternité*, Paris: Bayard 2004.

Mann, Thomas: *Betrachtungen eines Unpolitischen*, 5. Aufl., Fischer Taschenbuchverlag, Frankfurt a. M. 2012.

Marx, Karl/Engels, Friedrich: *Manifest der Kommunistischen Partei*, Ausgabe der Textfassung von 1848 des Verlags für fremdsprachige Literatur, Peking 1970.

Méda, Dominique: *Le Travail, Une valeur en voie de disparition*, Paris: Aubier 1995.

Modi, Didier: *Der europäische Alptraum. Ein Projekt wird seziert*, Berlin (Ed. Europolis) 2017.

Nietzsche, Friedrich: *Der Wille zur Macht*, 12. Aufl., Stuttgart 1980.
- *Die Geburt der Tragödie. Unzeitgemäße Betrachtungen*, Kritische Studienausgabe, herausgegeben von Giorgio Colli und Mazzino Montinari, München/Berlin 1986.

Nolte, Ernst: *Nietzsche und der Nietzscheanismus*, 2. Aufl., F.A. Herbig Verlagsbuchhandlung GmbH, München 2000.

Olson, Mancur Jr.: *The Logic of Collective Action*, 1. Aufl., Harvard University Press, 1965.
- *The Rise and Decline of Nations*, Yale University Press, 1982.

Pareto, Vilfredo: *Cours d'Economie Politique*. Neuauflage des 1896/1897 erschienenen Werkes, Bd. II, Genève: Droz 1964.

Pera, Marcello/Ratzinger, Joseph: *Senza Radici. Europa – Relativismo – Islam*, Mondadori 2004.

Revel, Jean-François: *Comment les Démocraties finissent*, Paris: Grasset 1983.

Schmitt, Carl: *Politische Theologie. Vier Kapitel zur Lehre von der Souveränität*, 4. Aufl. der 1934 erschienenen 2. Aufl., Berlin 1985.
- *Römischer Katholizismus und politische Form*, Text der Ausgabe von 1925, Stuttgart 1984.

Schwarze, Jürgen/Becker, Ulrich/Hatje, Armin/Schoo, Johann: *EU-Kommentar*, 4. Auflage, Baden-Baden 2019.

Schumpeter, Joseph A.: *Kapitalismus, Sozialismus und Demokratie*, übersetzt von Susanne Preiswerk 1950, 3. Aufl., München 1970.

Spengler, Oswald: *Der Untergang des Abendlandes. Umrisse einer Morphologie der Weltgeschichte*. Text von 1922 (33.–47. Aufl.) München 1988.

Toynbee, Arnold: *Menschheit und Mutter Erde. Die Geschichte der großen Zivilisationen*, Düsseldorf 1979.

v. Hayek, Friedrich August: *Die Anmaßung von Wissen*. Neue Freiburger Studien, herausgegeben von Wolfgang Kerber, Tübingen 1996.

Werding, Martin/Kaltschütz, Anita: *Modellrechnungen zur langfristigen Tragfähigkeit Prozent der öffentlichen Finanzen*, Ifo Beiträge zur Wirtschaftsforschung, Band 17, Ifo Institut für Wirtschaftsforschung, München 2005.

ABKÜRZUNGSVERZEICHNIS

TLTRO: Targeted longer-term refinancing operations / Gezielte längerfristige Refinanzierungsgeschäfte[1]

PSPP: Public sector purchase programme[2] / Programm zum Ankauf von Anleihen von im Euroraum ansässigen Zentralstaaten, Emittenten mit Förderauftrag und europäischen Institutionen

PEPP: Pandemic emergency purchase programme / Pandemie-Notfallankaufprogramm[3]

PELTRO: Pandemic emergency longer-term refinancing operations[4]

AEUV: Vertrag über die Arbeitsweise der Europäischen Union

EUV: Vertrag über die Europäische Union

DVFA: Deutsche Vereinigung für Finanzanalyse und Asset Management

---

[1] Vgl. hierzu Gezielte längerfristige Refinanzierungsgeschäfte I, Deutsche Bundesbank, abrufbar unter: https://www.bundesbank.de/de/aufgaben/geldpolitik/offenmarktgeschaefte/gezielte-laengerfristige-refinanzierungs-geschaefte-i/gezielte-laengerfristige-refinanzierungs-geschaefte-i-glrg-i--755348

[2] Vgl. hierzu Public Sector Purchase Programme, Deutsche Bundesbank, abrufbar unter: https://www.bundesbank.de/de/aufgaben/geldpolitik/geldpolitische-wertpapierankaeufe/public-sector-purchase-programme-pspp--830348

[3] Vgl. hierzu Pandemic Emergency Purchase Programme, Deutsche Bundesbank, abrufbar unter: https://www.bundesbank.de/de/aufgaben/geldpolitik/geldpolitische-wertpapierankaeufe/pandemic-emergency-purchase-programme-pepp--830356

[4] Vgl. hierzu Pandemic emergency longer-term refinancing operations (PELTRO), Deutsche Bundesbank, abrufbar unter: https://www.bundesbank.de/de/aufgaben/geldpolitik/offenmarktgeschaefte/pandemic-emergency-longer-term-refinancing-operation-peltro-/peltro-832176

ANLAGEN

I. Brief des Kommissars Hahn an MdEP Eppink

JOHANNES HAHN
MEMBER OF THE EUROPEAN COMMISSION

Brussels, 7. September 2020
Ares(2020)s-499154 7

Dear Mr Eppink,

The Commission's proposal for the Next Generation EU recovery plan is a carefully calibrated package of policy measures to address the effects of the COVID-19 crisis, combining Union expenditure on grants and investment guarantees with loans to Member States to finance national recovery plans, to be repaid when the beneficiary Member States have restored growth. The design and implementation of those measures will be based on commonly agreed procedures and controls, which will ensure that support is used to lay the foundations for sustainable future growth. The Own Resources Decision will allow the Commission to borrow the resources necessary to finance the implementation of the plan, on behalf of the Union.

Article 311 of the Treaty on the Functioning of the European Union requires the Union to provide itself with the means necessary to attain its objectives and carry through its policies. The financial means of the Union come predominantly, but not exclusively, from own resources[1]. The Union enjoys a degree of discretion as to how it acquires the means necessary, as long as it respects the financial rules laid down in the Treaty. Borrowing is one way in which it may acquire those means and, under the current circumstances, is necessary. In order to tackle the exceptional consequences of the crisis, the Union/Commission requires access to a high level of resources over a short period of time, without increasing national debt in the short to medium term.

Borrowing creates a financial liability for the Union. The Treaties do not prohibit the Union from taking on liabilities, which it is already assuming today, e.g. in respect of loans for financial assistance to Member States and third countries. More detailed information on the legal analysis can be found on the Commission's website[2].

With regard to the second question, the European Council of July 2020 found a compromise solution, which was accepted by all Heads of State and Government. The relevant texts translating that compromise are currently going through the legislative process, involving the European Parliament, the Council and the Commission.

Before the Own Resources Decision can enter into force it must, additionnally, be approved by all Member States according to their constitutional requirements.

Yours sincerelly

[signature]

And sorry for the late answer!

---

1   See the second paragraph of Article 311 of the Treaty on the Functioning of the European Union.

2   https://ec.europa.eu/commis5ion/presscorner/detail/en/qanda 20 1024

2. Schreiben an MdB Krichbaum vom 07.01.2021

Sehr geehrter Herr Abgeordneter Krichbaum,

die Pressemitteilung des Deutschen Bundestags über die Anhörung zum EU-Eigenmittelbeschluss in dem von Ihnen geleiteten Ausschuss für europäische Angelegenheiten vom 26.10.2020 könnte den irrigen Eindruck erwecken, dass der zugrunde liegende Beschluss des Rates die Kompetenzgrundlagen der Europäischen Union einhält. Indessen geht auch die filigranste juristische Auseinandersetzung mit dieser Frage (vgl. die Stellungnahme von Professor Dr. Nettesheim) von einem Sachverhalt aus, der nicht der Realität entspricht. So führt Prof. Nettesheim in seinen Überlegungen zur »integrationspolitischen Opportunität und EU-Vertragskonformität der gewählten Konstruktion« aus, dass eine Mithaftung der EU-Staaten für die beabsichtigte EU-Anleihe Next Generation »nicht vorgesehen sei«.[1]

Wenngleich in der Ausgestaltung der Nachschusspflicht der Vorschlag der EU-Kommission und des Rates nicht identisch sind, so kann vom Gutachter Nettesheim doch nicht verneint werden, dass über den Rückzahlungszeitraum von insgesamt 30 Jahren zuzüglich der Wartezeit von 2021 bis 2028 die finanzwirtschaftliche Situation der einzelnen Mitgliedsstaaten ungewiss bleibt. Angesichts dieser Ungewissheit dürfte ein Gutachter nicht von der sicheren entsprechenden Dotierung des EU-Haushaltes zwecks Rückzahlung der Gemeinschaftsschulden ausgehen.

Ausfallrisiken sind nicht nur möglich. Sie sind angesichts der Erfahrungen mit dem nur mühsam verhinderten Staatsbankrott von Griechenland, Zypern, Irland, Portugal, und m. E. auch Spanien sehr wahrscheinlich. Wenn man ferner bedenkt, dass ein Großteil der Fremdmittelaufnahme zur Verwendung von rückzahlungsfreien Transfers (Fiskalgeschenke) verwandt wird, so dürften Zweifel an der finanzwirtschaftlichen Logik und Solidität der Gesamtkonstruktion unabweisbar sein.[2]

Vor diesem Hintergrund ist es schlechthin nicht nachvollziehbar, dass der Gutachter Professor Nettesheim die haushaltspolitische Gesamtverantwortung des Deutschen Bundestages nicht tangiert sieht.[3]

Ebenso wenig nachvollziehbar ist die Behauptung von Nettesheim, dass eine Übertragung der zu den für EFSF und ESM entwickelten Grundsätze auf die EU Next Generation Anleihe »unstatthaft« sei.[4]

Nach ständiger Rechtsprechung des Bundesverfassungsgerichtes, letztmalig bestätigt im PSPP-Urteil vom 05.05.2020, sind fiskalische Risiken, die von der Bundesrepublik Deutschland nicht zu steuern sind (von Dritten eingegangen werden) und deren Eintritt und Umfang unkalkulierbar sind, ein Ultra-vires-Akt besonderer Art, der sogar mit Artikel 79 Abs. 3 GG unvereinbar wäre. Die Urteile des Bundesverfassungsgerichts zu EFSF[5] und zum ESM[6] hatten die Übernahme derartiger nicht steuerbarer, unbefristeter und unlimitierter Risiken bereits hinreichend qualifiziert.

Ähnlich inkonsequent ist die Einschätzung der rechtlichen Folgen der Erhöhung der Obergrenze des Eigenmittelbeschlusses durch Nettesheim. Er erspart sich die Quantifizierung dieser Überdeckung (ganz zu schweigen von der Quantifizierung der Risiken für den Bundeshaushalt), verzichtet auf eine rechtliche Würdigung und verweist lediglich darauf, dass die Überhöhung des Spielraums ein »politisches Signal« sei und dass im Übrigen Beschränkungen in den Verträgen »später im Wege kreativer Auslegung überwunden werden.«

Angesichts der durch Professor Heinemann quantifizierten Überdeckung der Next Generation EU-Schulden in seinem am 26.10.2020 erstatteten Gutachten ist weder die unterlassene Würdigung der haftungsrechtlichen Folgen noch der von der Europäischen Kommission verlangten Ausgabespielräume vor dem Hintergrund des bislang strengen Prinzips der Eigenmittelfinanzierung nachvollziehbar. Hierauf weist auch die Bundesbank in dem bereits erwähnten Monatsbericht in der ihr eigenen Diktion hin.

Auch in dem Vermerk Ihres Hohen Hauses »Sachstand, zum Erfordernis eines qualifizierten Mehrheitsbeschlusses des Bundestages hinsichtlich des Zustimmungsgesetzes zum Eigenmittelbeschluss der EU«[7]

ist eine Auseinandersetzung mit den haftungsrechtlichen Folgen und dem Ausmaß der Überdeckung sowie seinen Folgen durch den geänderten Eigenmittelbeschluss der EU nicht zu finden.

Es könnte sich daher der Eindruck aufdrängen, dass Ihr Ausschuss geflissentlich die Rechtsfolgen aus einer zutreffenden Würdigung sowohl der Haftungsrisiken der Anleihen EU Next Generation und dem Eigenmittelbeschluss als auch der Überdeckung nicht bereit ist zu treffen. Diese Würdigung betrifft nicht die Frage, mit welcher Mehrheit gem. Art. 23 Abs. I S. 3 GG der Deutsche Bundestag dem revidierten Eigenmittelbeschluss zuzustimmen hat, sondern eine fundamentale Fragestellung:

Ist der Bundestag vor dem Hintergrund der erwähnten ständigen Rechtsprechung des Bundesverfassungsgerichts überhaupt berechtigt, einer Beschlussvorlage zuzustimmen oder sie zu erörtern, die in diesem Umfang (Summa Summarum ca. eine Billion Euro) die haushaltspolitische Gestaltungsmacht des Deutschen Bundestages dem Einfluss Dritter aussetzt.

Die Zustimmung des Bundestages zu dem von Ihrem Ausschuss beratenen Eigenmittelbeschluss wäre daher ein Ultra-vires-Akt. Der Bundestag ist aber in keinem Fall berechtigt, Ultra-vires-Akten zuzustimmen.[8]

Da Sie es für opportun hielten, Vertreter der Europäischen Kommission (Herrn Andreas Schwarz) ebenso wie eine Repräsentantin des Deutschen Gewerkschaftsbundes (Frau Susanne Wixforth) sowie den stellvertretenden Direktor des Jacques Delors-Center Guttenberg – allesamt ohne jegliche wissenschaftliche Qualifikation – anzuhören, könnte es im Interesse der Ernsthaftigkeit Ihrer Arbeit, der Reputation Ihres Ausschusses und angesichts der Integrationsverantwortung des Deutschen Bundestags geboten sein, eine Zweitanhörung zur Einholung eines pluralistischeren juristischen Meinungsspektrums durchzuführen.

Hochachtungsvoll

Prof. Dr. Markus C. Kerber

1   vgl. Nettesheim, Seite 11 der besagten Stellungnahme.
2   vgl. hierzu Monatsbericht der Deutschen Bundesbank August 2020, hierin heißt es:
    „Die umangreiche Schuldenfinanzierung, insbesondere von Transfers, ist hingegen
    ein bedenkliches Novum. Eine Kreditaufnahme auf der EU-Ebene ist in den EU-Ver-
    trägen eigentlich nicht vorgesehen."
3   vgl. Nettesheim, Gutachten, ebenda Seite 12 sowie Seite 13, Fußnummer 47.
4   vgl. Nettesheim, Seite 13 seines Gutachtens.
5   BVerfG 7.9.2011, Leitsatz 3.
6   BVerfG vom 18.3.2014, Leitsatz 4.
7   Wissenschaftlicher Dienst des Deutschen Bundestags, WD 4 3055/20.
8   vgl. hierzu Bundesverfassungsgericht vom 30.07.2019, Bankenunion, Leitsatz 4.

3. Auszug aus dem Monatsbericht der Bundesbank August 2020

EU-Haushalt: Einigung auf Mehrjährigen Finanzrahmen 2021 bis 2027 und coronabedingten Extrahaushalt »Next Generation EU«

Der Europäische Rat der Staats- und Regierungschefs verständigte sich am 21. Juli 2020 zum einen auf die Grundzüge des neuen Mehrjährigen Finanzrahmens des EU-Haushalts für die Jahre 2021 bis 2027. Zum zweiten wurde ein einmaliger schuldenfinanzierter Extrahaushalt vereinbart, um die Corona-Krise besser zu bewältigen (Next Generation EU: NGEU).[1]

Der mittelfristige Finanzrahmen 2021 bis 2027: Brexit belastet

Der reguläre EU-Haushalt soll demnach in den kommenden Jahren Ausgabenverpflichtungen von maximal 1,074 Billionen Euro umfassen.[2] So liegt er mit 1,06 Prozent des EU-BNE etwas über dem laufenden Finanzrahmen (1 Prozent des EU-28-BNE), aber nur weil das Vereinigte Königreich in Letzterem noch als EU-Mitglied mitgerechnet wird. Ohne das Vereinigte Königreich gerechnet macht der laufende Finanzrahmen hingegen 1,13 Prozent des entsprechend angepassten EU-BNE aus. Die Ausgabenstruktur des EU-Haushalts ändert sich im Vergleich zum laufenden Finanzrahmen nicht grundlegend. Ausgabenbereiche mit klarem europäischen Fokus werden nur moderat gestärkt.[3] Jedoch ist zusätzlich zum regulären Haushalt noch das neue Sondervermögen NGEU in Betracht zu ziehen. Mit diesem werden auch reguläre EU-Programme spürbar aufgestockt, und dessen Vergabekriterien haben eher einen Bezug zur EU-Strukturpolitik und weniger zur aktuellen Krise. Zudem werden noch Mittel über das EU-Kurzarbeit-Programm SURE verteilt, das einen deutlicheren Krisenbezug aufweist.[4]

Auf der Einnahmenseite soll die Eigenmittelobergrenze auf 1,4 Prozent des EU-BNE angehoben werden. Diese Grenze legt fest, wie viel Mittel die EU maximal jährlich von den Mitgliedstaaten zur Finanzierung des EU-Haushalts abrufen kann.[5] Ihr deutlicher Abstand zur Ausgaben-Obergrenze dient unter anderem als Puffer für unvorhergesehene Ereignisse und sichert die von der EU aufgenommenen Kredite ab – allerdings ohne das neue Programm NGEU, für das separate Vorkehrungen getroffen werden.

Die Zahlungen Deutschlands an den regulären EU-Haushalt werden in den kommenden sieben Jahren steigen. Das Bundesfinanzministerium rechnet laut Medienberichten damit, dass die durchschnittlichen jährlichen Zahlungen um eine Größenordnung von 10 Milliarden Euro höher ausfallen werden als im laufenden Finanzrahmen. Dabei spielt der Austritt des Vereinigten Königreichs eine wichtige Rolle. Die fehlenden Beitragszahlungen des Vereinigten Königreichs lassen den Finanzierungsanteil aller anderen Mitgliedstaaten und damit auch den Deutschlands merklich ansteigen. Dies wird nur zum Teil durch niedrigere Ausgaben kompensiert.

Extrahaushalt Next Generation EU:
schuldenfinanzierte Transfers und Kredite

Zu dieser regulären Haushaltsplanung kommt das außerordentliche Krisenprogramm NGEU hinzu. Es sieht Hilfskredite und Transfers vor, die bis 2023 zugesagt und bis Ende 2026 ausgezahlt werden sollen. Während der reguläre Haushalt durch Eigenmittel (also insbesondere durch Zuführungen der Mitgliedstaaten) laufend ausgeglichen wird, soll NGEU zunächst über Schulden finanziert werden. Hierfür sind insgesamt 750 Milliarden Euro vorgesehen (5,4 Prozent des EU-BNE 2019). Bedient werden sollen die Schulden durch den Schuldendienst der Mitgliedstaaten, die aus dem Extrahaushalt Kredite erhalten, und durch künftige EU-Haushalte. Letzteres soll durch eine höhere Eigenmittelobergrenze abgesichert werden. Sie soll aufgrund von NGEU bis zum Jahr 2058 um jährlich 0,6 Prozent des EU-BNE angehoben werden.[6] Dabei sollen einzelne Staaten in manchen Jahren vorübergehend zu höheren Zahlungen aufgefordert werden können, als es ihrem Finanzierungsanteil am EU-Haushalt entspräche. Mit dieser Ausgestaltung soll Spielraum für den Schuldendienst geschaffen werden. Die umfangreiche Abdeckung insgesamt und nicht zuletzt der potenziell stärkere Rückgriff auf einzelne Länder mit hoher Bonität sollen gewährleisten, dass die neu begebenen EU-Schulden ein gutes Rating an den Kapitalmärkten erreichen.[7]

Mit dem NGEU sollen zum einen Kredite an die Mitgliedstaaten in Höhe von 360 Milliarden Euro gewährt werden. Zum andern sollen 390 Milliarden Euro als (nicht rückzahlbare) Transfers geleistet werden. In den EU-Verträgen ist eigentlich keine Kreditfinanzierung des EU-Haushalts vorgesehen. Zwar nahm die EU auch in der Vergangenheit Schulden am Kapitalmarkt auf, allerdings in vergleichsweise sehr geringem Umfang und nur, um damit wiederum Kredite zu vergeben.[8] Den Schulden der EU standen somit Forderungen in gleicher Höhe gegenüber, und der EU-Haushalt wies weder (VGR-)Defizite noch Überschüsse auf. Zum Auszahlungszeitpunkt der kreditfinanzierten NGEU-Transfers entstehen nunmehr umfangreiche Defizite auf der EU-Ebene. Zum Tilgungszeitpunkt der dafür von der EU aufgenommenen Kredite müssen künftige EU-Haushalte entsprechende Überschüsse aufweisen. Die Tilgung soll spätestens 2028 beginnen und sich bis 2058 erstrecken. Die umfangreiche Schuldenaufnahme im NGEU-Extrahaushalt und die dort geplanten Defizite werden mit den außergewöhnlichen Umständen der Corona-Krise begründet.

Formal besteht NGEU aus zwei Teilen: Zum einen aus der Recovery and Resilience Facility (RRF), die im direkten Zusammenhang mit der Krise zu sehen ist. Zum anderen werden reguläre EU-Programme aufgestockt. Die RRF enthält Transfers im Umfang von 312,5 Milliarden Euro (2,2 Prozent des EU-BNE 2019) und die gesamten Kredite von 360 Milliarden Euro (2,6 Prozent des EU-BNE 2019). Voraussetzung für die Auszahlung sind Reform- und Investitionspläne. Diese sind von den Mitgliedstaaten vorzulegen, dann von der Europäischen Kommission zu beurteilen und vom Ministerrat zu beschließen. Mehrere oder auch einzelne Staaten können Widerspruch einlegen und damit die Auszahlungen verzögern. Der Verteilungsschlüssel der RRF-Transfers auf die Mitgliedstaaten soll vorab festgelegt werden. Bis Ende 2022 sollen 70 Prozent der RRF-Transfers (knapp 219 Milliarden Euro zugesagt werden. Die länderweise Zuteilung orientiert sich an der Bevölkerung 2019 (je größer, umso mehr Mittel), an der Wirtschaftsstärke

2019 (je geringer das Pro-Kopf-BIP, umso mehr Mittel) und an der Arbeitslosenquote 2015 bis 2019 (je höher, umso mehr Mittel). Die übrigen 30 Prozent der Transfers (knapp 94 Milliarden Euro sollen bis Ende 2023 zugesagt werden. Bei ihrer Verteilung sollen dann krisenbedingte Entwicklungen eine gewisse Rolle spielen, indem der Indikator Arbeitslosenquote durch einen Indikator für den BIP-Einbruch in den Jahren 2020 und 2021 ersetzt wird. Insgesamt betrachtet orientiert sich die Transfervergabe aber weit überwiegend nicht daran, wie stark ein Mitgliedstaat von der Corona-Krise betroffen ist.

Während zugewiesene Transfers für jeden empfangenden Mitgliedstaat vorteilhaft sind, dürften die Kredite nur bei höheren eigenen Finanzierungskosten in Anspruch genommen werden. Denn die Zinsen der Kreditprogramme sollen sich an den Kreditkonditionen der EU orientieren. Länder mit gleich guten oder günstigeren Zinsbedingungen dürften hingegen auf die Kreditoption verzichten. Für die Möglichkeit der EU-Länder, Kredite des RRF zu erhalten, ist eine Obergrenze von 6,8 Prozent des jeweiligen BNE vorgesehen. Greifen alle EU-Staaten, die ungünstigere Finanzierungsbedingungen als die EU aufweisen, bis zu ihrer Obergrenze darauf zurück, würde der gesamte Kreditrahmen von 360 Milliarden Euro nahezu vollständig ausgeschöpft.

Sofern nur die genannte Ländergruppe die Kredite in voller Höhe in Anspruch nimmt und unter Berücksichtigung des genannten Verteilungsschlüssels für die Transfers, verteilen sich die Mittel wie folgt auf die Länder: In Relation zu seinem BNE profitiert Kroatien am stärksten, gefolgt von Bulgarien und Griechenland (siehe Schaubild auf Seite 212). Insgesamt sind die mittel- und osteuropäischen EU-Staaten mit einem vergleichsweise niedrigen Pro-Kopf-BIP besonders begünstigt (vgl. hierzu auch die Ausführungen auf S. 23 ff. dieses Berichts). Die südeuropäischen Länder, die seit Längerem hohe Arbeitslosenquoten aufweisen, profitieren ebenfalls relativ stark. Dänemark, Deutschland, Finnland, die Niederlande, Österreich, Schweden und Luxemburg erhalten Finanzmittel von weniger als 1 Prozent ihres BNE. Bezogen auf das Gesamtvolumen entfällt unter diesen Annahmen knapp die Hälfte der gesamten Finanzmittel auf Italien und Spanien.

Recovery and Resilience Facility – erwarteter Mittelabruf durch die EU-Länder

Zuschüsse ■ Kredite ■

In Mrd €

Italien
Spanien
Polen
Frankreich
Griechenland
Rumänien
Portugal
Deutschland
Tschechien
Irland
Ungarn
Slowakei
Bulgarien
Kroatien
Niederlande
Litauen
Belgien
Slowenien
Lettland
Schweden
Österreich
Estland
Zypern
Finnland
Dänemark
Malta
Luxemburg

In % des nationalen BNE 2019

Kroatien
Bulgarien
Griechenland
Rumänien
Slowakei
Lettland
Portugal
Polen
Litauen
Spanien
Zypern
Ungarn
Italien
Estland
Tschechien
Slowenien
Malta
Irland
Frankreich
Belgien
Finnland
Schweden
Österreich
Niederlande
Deutschland
Dänemark
Luxemburg

Quelle: Europäische Kommission und eigene Berechnungen, Deutsche Bundesbank

212

Die Mitgliedstaaten stehen über den EU-Haushalt für die EU-Verschuldung ein. Die Kreditprogramme belasten den EU-Haushalt nur dann, wenn Zins- oder Tilgungszahlungen durch die kreditnehmenden Staaten ausfallen. Die gemeinsame Verschuldung für Transferzahlungen ist dagegen in jedem Fall aus zukünftigen EU-Haushalten zu bedienen. Hieran beteiligen sich die EU-Staaten letztlich entsprechend ihrer künftigen Finanzierungsanteile. Der Europäische Rat hat zur Finanzierung des EU-Haushalts auch verschiedene zusätzliche Einnahmequellen ins Spiel gebracht (Plastiksteuer, Digitalsteuer, CO_2-Grenzabgabe, Finanztransaktionssteuer). Diese könnten unmittelbar in den EU-Haushalt oder über die nationalen Staatshaushalte fließen. Sie mindern den Bedarf an bestehenden Eigenmitteln, ändern jedoch nichts daran, dass letztlich die europäischen Steuerzahlerinnen und Steuerzahler den EU-Haushalt und die darin enthaltenen Ausgaben für den Extrahaushalt NGEU finanzieren werden.

Der Finanzierungsanteil Deutschlands am EU-Haushalt beläuft sich nach dem Austritt des Vereinigten Königreichs auf etwa ein Viertel. Entsprechend können rund 190 Milliarden Euro der zusätzlichen EU-Verschuldung (750 Milliarden Euro Deutschland zugerechnet werden. Die vorgesehenen Transfers im Umfang von 390 Milliarden Euro führen zu EU-Defiziten. Der auf Deutschland entfallende über die Jahre kumulierte Defizitanteil liegt entsprechend dem Finanzierungsanteil bei rund 100 Milliarden Euro oder rund 3 Prozent des BIP 2019. Dabei ist der konkrete Anteil eines Mitgliedstaates auch abhängig von dessen künftiger gesamtwirtschaftlicher Entwicklung und dem dann relevanten Finanzierungsanteil am EU-Haushalt. Zudem können die jährlichen Beiträge beispielsweise höher ausfallen, wenn von der Möglichkeit Gebrauch gemacht wird, vorübergehend von einzelnen Mitgliedstaaten höhere Eigenmittel abzurufen. Auf der anderen Seite ist nach dem derzeitigen Verteilungsschlüssel vorgesehen, dass Transfers im Umfang von 22 Milliarden Euro nach Deutschland fließen.

Solidarischer Ansatz nachvollziehbar, Einstieg in umfassende, dauerhafte gemeinsame Verschuldung wäre aber bedenklich.
Mit dem NGEU-Extrahaushalt unterstützen sich die EU-Staaten mit Transfers und Krediten untereinander. Ziel ist es, die Folgen der Co-

rona-Pandemie gemeinsam zu bewältigen. Die zusätzlichen Transfers zwischen den EU-Ländern werden über den EU-Haushalt verteilt. Eine solche Umverteilung war immer schon üblich, etwa im Rahmen der Kohäsionspolitik. Das Ausmaß und die Ausgestaltung sind letztlich politisch zu entscheiden und müssen noch konkretisiert werden. Die endgültige Einigung steht daher noch aus.

Die vom Europäischen Rat vereinbarten Hilfen zielen weniger darauf ab, die Konjunktur zu stabilisieren, und sie knüpfen nur begrenzt an konkrete Krisenlasten an. Vielmehr sollen sie in zukunftsweisende Reformprogramme fließen, und die Vergabeprozeduren sollen eine geeignete Mittelverwendung gewährleisten. In dem Maße, wie die Reformen gelingen, könnten die EU und vor allem die einzelnen besonders geförderten Mitgliedstaaten die Corona-Krise zügiger überwinden. Zu konstatieren ist allerdings, dass sich für die wachstumsfördernde Wirkung von EU-Mitteln in der Vergangenheit ein gemischtes Bild zeigte.[9]

Die umfangreiche Schuldenfinanzierung, insbesondere von Transfers, ist demgegenüber ein bedenkliches Novum. Eine Kreditaufnahme auf der EU-Ebene ist in den EU-Verträgen eigentlich nicht vorgesehen. Die umfangreichen EU-Schulden werden deshalb damit gerechtfertigt, dass es sich um ein außergewöhnliches und vorübergehendes Instrument zur Krisenbewältigung handelt. Aus ökonomischer Sicht ist der bisherige Verzicht auf eine substanzielle EU-Verschuldung ein tragendes Element des bestehenden Ordnungsrahmens. Dieser ist dezentral ausgestaltet mit weitgehend eigenverantwortlichen Mitgliedstaaten. Um Haftung und Kontrolle bei dauerhaft umfangreichen Gemeinschaftsschulden in der Balance zu halten, wäre demgegenüber ein deutlich stärkerer Integrationsgrad erforderlich. Das heißt, nationale Souveränität wäre zuvor erheblich stärker auf die EU-Ebene zu verlagern.

Kritisch wäre es unter anderem, wenn die Illusion entstünde, die neue EU-Kreditaufnahme verursache für die Mitgliedstaaten keine Kosten. Das ist nicht der Fall. Die EU-Schulden werden die künftigen europäischen Steuerpflichtigen belasten, selbst wenn die Schulden nicht in den nationalen Statistiken abgebildet sind. Denn Zins und Tilgung sind weiterhin von den Mitgliedstaaten aufzubringen. Diese neuen Verpflichtungen aus den EU-Schulden sollten deshalb in die Bewertung der nationalen Staatsfinanzen einfließen. Und mit Blick auf die Fiskalregeln wird es im weiteren Verlauf umso wichtiger, dass diese einen Abbau der hohen Schuldenquoten und tragfähige Staatsfinanzen in allen Mitgliedstaaten gewährleisten.

---

1   Zum weiteren Ablauf: Die Einigung des Europäischen Rates beinhaltet die politischen Leitlinien zum Mehrjährigen Finanzrahmen (MFR). Im weiteren Verlauf muss die MFR-Verordnung ausgearbeitet werden. Außerdem stehen die Zustimmung des Europäischen Parlaments und die Ratifizierung des Eigenmittelbeschlusses durch die Mitgliedstaaten noch aus (unter anderem in Deutschland ist dafür die Zustimmung des Parlament erforderlich).

2   Technische Hintergrundinformation: Wenn nicht anders angegeben, sind die EU-27-Staaten gemeint. Die genannten Euro-Werte sind durchweg in Preisen von 2018 angegeben. Für die jährlichen Haushaltsplanungen werden die Ansätze mit der realen Veränderung des EU-Bruttonationaleinkommens (EU-BNE)zzgl. einer pauschalen Preiskomponente von 2 Prozent fortgeschrieben.

3   Zu der diesbzgl. Reformdiskussion vgl.: Deutsche Bundesbank, Monatsbericht April 2020, S. 58.

4   Zu SURE vgl.: Deutsche Bundesbank, Monatsbericht, Mai 2020, S. 90 f.

5   Für eine eingehendere Erläuterung zur Eigenmittelobergrenze 4.: Deutsche Bank Monatsbericht April 2020, S. 46.

6   In der Erklärung heißt es, dass die Eigenmittelobergrenze angehoben wird, um Kredite abzusichern, die infolge der Corona-Krise aufgenommen werden. Daher könnte auch die Teilabsicherung der bereits zuvor beschlossenen Kreditaufnahme für SURE darunterfallen.

7   Zur Herangehersweise von Rating-Agenturen 4.: Fitch, EU MFF Procosal Consistent with AAU Debt Coverage Metric, Juni 2020.

8   Stand Mitte 2020 waren es 66 Prozent Milliarden Euro oder 1/2 Prozent des EU-BIP 2019. Durch die SURE-Kredite, die im April 2020 vereinbart wurden, kann sich die Verschuldung um bis zu 100 Milliarden Euro erhöhen.

9   Zur Wirksamkeit der Kohäsionspolitik vgl. zum Beispiel: Deutsche Bundesbank. Monatsbericht April 2020, S. 58.

ÜBER DEN AUTOR

Prof. Dr. Markus C. Kerber ist Professor für öffentliche Finanzwirtschaft und Wirtschaftspolitik an der Technischen Universität Berlin. Er geht zahlreichen Gastprofessuren nach, so am I.E.P. Paris sowie an der Universität Paris II Panthéon-Assas und an der Warsaw School of Economics. Von 1998 bis 2001 war er Gastdozent an der Führungsakademie der Bundeswehr. Kerber veröffentlicht regelmäßig Schriften zur öffentlichen Finanzwirtschaft und Unternehmensfinanzierung sowie zum Gesellschaftsrecht, Kartellrecht und Europarecht. 2005 gründete er den Thinktank Europolis. Er ist seit vielen Jahren Mitglied der Kurt-Schumacher-Gesellschaft und der Hayek-Gesellschaft. Der Autor ist der Öffentlichkeit als Prozessbevollmächtigter der Verfassungsbeschwerden gegen den Lissabon-Vertrag sowie gegen Euro-Rettungsmaßnahmen, die Bankenunion und die EZB-Anleihenkäufe bekannt.

Jüngste Veröffentlichungen:

Europa ohne Frankreich? Deutsche Anmerkungen zur französischen Frage (Edition Europolis)

Positionen und Argumente im Kampf mit Brüssel, Luxemburg, Berlin (Metropolis Verlag)

Wehrt euch, Bürger! 2. Auflage (FinanzBuch Verlag)

Die Draghi-Krise (FinanzBuch Verlag)

Mehr Wettbewerb wagen: Zur politischen Ökonomie monetärer Sezession in der Eurozone, 2. Aufl. Metropolis Verlag

Finanzstabilität oder Bankenunion? Vorwort von Prof. Dr. Johann Heinrich von Stein, Metropolis-Verlag

Sie erreichen den Autor unter: mckerber@europolis-online.org

Anschrift:

Technische Universität Berlin

Fakultät VII Wirtschaft und Management

Sekr. H58, Str. des 17. Juni 135

10623 Berlin

Die Draghi-Krise

Markus C. Kerber

Mutiert Deutschland endgültig zum Zahlmeister der Europäischen
Union? Die Abgeordneten in Brüssel sind dabei, die nächste Hürde
auf dem Weg zu einem »Versicherungsverein auf Gegenseitigkeit«
zu nehmen. Denn Mario Draghi – einst der Chef der Banca d'Italia und damit der mächtigste Aufseher der italienischen Banken
– hofft, mit einer europäischen Einlagensicherung und einem
großzügigen Kredit des ESM an den Bankenabwicklungsfond
(Single Resolution Fund, SRF) den quasi bankrotten italienische
Bankensektor und damit auch zugleich den Euro zu retten. Als
EZB-Chef will er nun mit einer »europäischen Lösung« und immer
neuen Haftungstöpfen genau die nationalen Aufsichtssünden
kaschieren, die er als Gouverneur der Banca d'Italia mit verursacht
hat. Dies geschieht in erster Linie zulasten der EU-Nordländer,
allen voran Deutschland.

128 Seiten | Softcover | 9,99 € (D) | ISBN 978-3-95972-156-1

Wehrt euch, Bürger!

Markus C. Kerber

Während in Brüssel noch diskutiert wird, ob Europa ein Staaten-
verbund oder ein Bundesstaat ist, macht sich eine Institution breit,
die dabei ist, alle wesentlichen wirtschaftspolitischen Kompetenzen an sich zu ziehen und niemandem mehr rechenschaftspflich-
tig zu sein: die Europäische Zentralbank (EZB). Den Deutschen
einst als neue und bessere Bundesbank verkauft, ist die EZB zu
einer Gefahr für das gesamte Finanzsystem geworden. Denn für
sie gelten besondere Gesetze oder gar keine. Sie finanziert eigentlich insolvente Staaten und pumpt aktuell mehr als 1 Billion Euro
in den Geldkreislauf. Dieses Buch ist mehr als eine wissenschaftliche Analyse, es ist Pamphlet und Aufruf zugleich und erscheint
bereits in der 2, überarbeiteten Auflage.

160 Seiten | Softcover | 14,99 € (D) | ISBN 978-3-89879-925-6

Edition
EuroPOLIS

Schriften zur europäischen Wirtschaftspolitik
und zum europäischen Wirtschaftsrecht

Edition
EuroPOLIS

Moritz Alexander Erkel

Die Letztsicherung der europäischen Bankenabwicklung durch den ESM

Eine Betrachtung unter Berücksichtigung der
ESM-Dogmatik und der Rechtsprechung
des Bundesverfassungsgerichts zu den Beteiligungs-
rechten- und Pflichten des Bundestages

Nr. 9 der Schriften zur europäischen Wirtschaftspolitik
und zum europäischen Wirtschaftsrecht

metropolis

metropolis

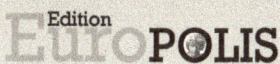

Edition EuroPOLIS

Nr. 9 der Schriften zur europäischen Wirtschaftspolitik
und zum europäischen Wirtschaftsrecht

Die Europäische Integration scheint unaufhörlich voranzu-
schreiten. Nach der Europäischen Währungsunion wurde zu deren Verwirklichung eine Bankenunion konstituiert.
Nun soll zu deren perfekter Funktionalität die Möglichkeit
geschaffen werden, den Euro-Rettungsmechanismus ESM
als Kreditgeber letzter Instanz für das Zentrale Europäische Abwicklungsgremium, den Single Resolution Board
SRB, fruchtbar zu machen. Die Arbeit von *Erkel* grenzt
die Bemühungen von Kommission und Euro-Gruppe im
Lichte der deutschen Verfassungsrechtsprechung präzise ein und dürfte als ein unverzichtbarer Beitrag zur Ver-
rechtlichung der anhaltenden politischen Diskussion über
den Ausbau des ESM zu werten sein. Für jeden an dieser
Problematik interessierten Beobachter führt kein Weg an
Erkels Arbeit vorbei.

Moritz Alexander Erkel

**Die Letztsicherung der europäischen Bankenabwicklung
durch den ESM**
Eine Betrachtung unter Berücksichtigung der ESM-Dogmatik
und der Rechtsprechung des Bundesverfassungsgerichts zu den
Beteiligungsrechten- und Pflichten des Bundestages

296 Seiten, kartoniert, 70,00 €
ISBN: 978-3-7316-1426-5

Bestellung bitte über eine Buchhandlung oder direkt bei

Metropolis-Verlag GmbH
Am Graben 2 B
35096 Weimar bei Marburg
Telefon: +49 (0)6421/67377
Telefax: +49 (0)6421/681918
E-Mail: info@metropolis-verlag.de

www.metropolis-verlag.de

DIDIER MODI

Der europäische Albtraum

Ein Projekt wird seziert

ESSAYS ZUM NEUEN UND ALTEN EUROPA

Le Rêve européen

Autopsie d'un cauchemar

ESSAIS SUR LA NOUVELLE ET L'ANCIENNE EUROPE

„Meinem Text wird es darum gehen zu zeigen, dass Europa nichts anderes geworden ist als die universelle Verschwörung der Lüge gegen die Wahrheit.

Ich praktiziere im Rahmen meiner beruflichen Tätigkeit die europäischen Institutionen seit 1984. Dabei war ich auf allen Gebieten tätig: Im Rat genauso gut wie in der Kommission (wo ich zweimal als nationaler Experte, also als Luxusimmigrant, dienen durfte), beim Europäischen Parlament und in Ergänzung zur Europäischen Kommission als französischer Beamter, um die Verwirklichung ihrer Politik im Rahmen der nationalen Verwaltung zu überprüfen. Dieses Panorama an Erfahrungen hat mich zwangsläufig dazu bewegt, das europäische Einigungswerk etwas unterschiedlich von jener Würdigung zu betrachten, die ihm durch die Beweihräucherer, die – wie einst die Messdiener katholischer Liturgie – den Medienraum des politisch Korrekten mit ihrem europhilen Geplauder umschmeicheln, zuteilwird. Mein Ehrgeiz ist kein geringerer, als den Leser an einer anderen Auffassung der europäischen Realität teilhaben zu lassen und zwar indem ich das interne Getriebe von Brüssel beschreibe, die versteckten Zuständigkeiten, welche die Handlungen der unterschiedlichen Schauspieler in diesem tragikomischen Stück, das sich europäische Konstruktion nennt, enthülle. Ich maße mir nicht an, bei dieser Beschreibung Objektivität anzulegen. Noch weniger habe ich das Ziel, Sie davon zu überzeugen, irgendeiner Ersatzideologie für Europa anzuhängen. Denn ich buhle nicht um ihre Stimmen und ich giere genauso wenig nach einer medialen Plattform oder einer besonderen Bühne. Nein, ich bin ganz einfach verbittert und möchte Ihnen meinen Zorn in einer Weise vortragen, von der ich hoffe, dass das Vorgetragene mangels Unterhaltsamkeit zumindest sarkastisch ist. Denn leider ist die von mir beschriebene Realität nicht gerade lustig."

(Didier Modi, Französischer Spitzenbeamter,
Jahrgang 1955, Absolvent der ENA)

Bestellung bitte über eine Buchhandlung oder direkt bei:

Edition Europolis UG (haftungsbeschränkt) & Co. KG,
Hackescher Markt 4, 10178 Berlin
Tel.: (030) 843 14 136, Fax: (030) 843 14 137
E-Mail: edition@europolis-online.org

Didier Modi:

Der europäische Albtraum / Le Rêve européen
ca. 196 Seiten, kartoniert,
Preis: 13,00 € (zzgl. Versandkosten)
ISBN 978-3-9814942-8-0 ISSN 2193-5289